Carl W. Holle

Die Französin in Italien

Carl W. Holle

Die Französin in Italien

ISBN/EAN: 9783743358225

Hergestellt in Europa, USA, Kanada, Australien, Japan

Cover: Foto ©Thomas Meinert / pixelio.de

Manufactured and distributed by brebook publishing software (www.brebook.com)

Carl W. Holle

Die Französin in Italien

Die Französin in Italien.

Leipzig,
bey Carl Wilhelm Holle, 1772.

Die Franzöſin in Italien.
Erſter Theil.

Erſter Abſchnitt.

Veranlaſſung, dieſe Geſchichte zu ſchreiben, und vernünftige Gründe, ſie bekannt zu machen.

Die Frauenzimmer leſen fleißig, ſeitdem die Frauenzimmer zu ſchreiben angefangen haben. Vor einiger Zeit war die Unwiſſenheit ein Vorzug unſers Geſchlechts; weil unſere Vorfahren fälſchlich glaubten, daß unſere Ehrbarkeit größtentheils davon abhienge. Ein geſchäftiges Frauenzimmer war der Abgott der Familien, ob es gleich in seinen täglichen Verrichtungen weder Einsicht noch Verstand blicken ließ. Ein Frauenzimmer hingegen, das an der Lecture und am Studieren einen Geschmack fand, wurde gemeiniglich für ein müssiges und übel gesittetes Frauenzimmer gehalten; ja man gab ihm so gar Schuld, daß die Leidenschaft der Liebe im höchsten Grad in ihm herrsche. Die Tyranney jener barbarischen und unglücklichen Jahrhunderte rührete von dem Grundsatze her, den unsere unwissenden Alten für unleugbar hielten, daß man nämlich in den Büchern lauter Boßheit lernete, daher ein Frauenzimmer, wenn es tugendhaft und ehrbar bleiben sollte, weder im Lesen noch im Schreiben unterrichtet werden, noch in Gesellschaft kommen müßte. Auch zu meiner Zeit habe ich mit eignen Ohren gehöret, daß es noch elende Ueberreste dieses schädlichen Grundsatzes giebt, und daß er an verschiednen Orten wieder hervorgesuchet wird. Wie viel Väter und Mütter haben sich in meiner Gegenwart gerühmt, daß ihre Töchter in ihrer Jugend weder lesen noch schreiben lernen sollten, damit sie sich nicht zu frühzeitig in Liebesverständnisse einlassen möchten. Dieses ist ein elendes Gewebe eines verwirrten Verstandes, und eine in der That lächerliche Maxime; gleich als wenn die menschliche Natur nicht die erste Lehrmeisterin der menschlichen Boßheit wäre, und als wenn der grosse Zweifel noch unentschieden wäre, ob die Cultur des Verstandes, die Frauenzimmer ehrbar zu erhalten, mehr beytrage, als die tiefste Unwissenheit.

Ein

Ein Soldat, der nicht fechten kann, befeuchtet bey dem ersten Streiche die Erde mit seinem Blute: da hingegen ein anderer, der den Degen geschickt zu führen weis, sein Leben theuer zu verkaufen pflegt.

Ein Schiffmann, der mit dem Compaß und den Seecharten nicht umzugehen weis, stößt an alle Klippen, und geht bey dem ersten Sturme zu Grunde. Ein anderer hingegen, der die Meere und Sterne wohl studieret hat, umfährt ohne Gefahr die ganze Erde, und bringt, ungeachtet der Stürme und Ungewitter, das mit fremden Waaren reich beladne Schiff glücklich wieder in den Haven. Wie kann also ein Frauenzimmer, das nichts von der Welt weis, die Gefahren vorher sehen, und den Betrug vermeiden, wenn es nicht zuvor in Büchern einen Unterricht gesucht hat. Wie viele verlieren auf eine elende Art die Blüthe ihrer schönsten Unschuld, weil sie entweder den Werth derselben nicht kennen, oder weil sie sie nicht zu vertheidigen wissen. Sie sind oft von Natur um so viel boshafter, je unwissender sie durch ihre Erziehung geblieben sind, und werden leicht strafbar, weil sie die Gefahr nicht zu fürchten wissen. Wenn die ganze Welt mit einem einzigen Netze bedeckt ist, um die Unvorsichtigen zu bestricken, wie kann es derjenige vermeiden, der das Gewebe und die Schlingen desselben nicht kennt? Wer in gesitteten Gesellschaften die Liebe auf eine vernünftige und sinnreiche Art nicht zu unterhalten weis, der ist deswegen nicht

A 3   frey

frey davon, und verfällt vielleicht auf Wege, die um so viel schädlicher sind, je rauher und gemeiner sie sind.

Wenn auch die Cultur des Verstandes nicht ein grosses Präservativ wider das Uebel wäre, so wird sie doch jederzeit das kräftigste Mittel seyn, unsere Fehler, wo nicht gänzlich zu verbessern, doch wenigstens zu verbergen. Wir sehen gemeiniglich, daß Leute, die in der Unwissenheit aufgewachsen sind, die Welt mit dem übeln Geruche ihrer verdorbenen Sitten am meisten anstecken. Diejenigen, deren Verstand durch die Erziehung etwas mehr geläutert worden ist, empfinden, wenn sie auch nicht ganz ohne Fehler sind, wenigstens eine innerliche Kränkung, die sie antreibt, ihre Fehler vor den Augen der Welt zu verbergen. Die Unverschämtheit pflegt eine Tochter der Dummheit zu seyn, so wie die Klugheit eine Tochter der Schamhaftigkeit ist. Wenn man über etwas Böses erröthen soll, so muß man es kennen. Um es ohne seinen Schaden kennen zu lernen, muß man es in dem Beyspiele anderer sehen, und wenn man sich die guten und bösen Beyspiele anderer zu Nutze machen will, so ist der Jugend beyderley Geschlechts eine nicht gemeine Cultur durchaus nöthig.

Diese Zeit ist, dem Himmel sey Dank, nicht mehr, da die Bücher und die Federn aus den Händen der ehrlichen Mädchen verbannet waren;

ren; und ich überlasse es dem Urtheile eines jeden, ob die Welt jetzt weniger ärgerlich und mehr weise geworden sey. Heut zu Tage lesen alle Frauenzimmer, und suchen einen Ruhm darinne, ob sich gleich nicht alle rühmen können, das Gelesene zu verstehen, und aus ihrer beständigen Lecture einen Nutzen zu ziehen. Neben den Nehnadeln, Spinnrocken und andern weiblichem Geräthe, sieht man auch heut zu Tage die Bücher. Mit einem Buche in der Hand bringen sie die heißesten Stunden des Tages, und die kühlen Stunden ihres Spatzierengehens zu. Von den Büchern, welche täglich herauskommen, fangen sie gemeiniglich ihre Gespräche mit denen an, welche sie besuchen. In vielen herrschet eine ausserordentliche Neigung, sie begierig durchzulesen, so bald sie nur die Presse verlassen haben. Fast alle rühmen sich alsdenn, sie zu besitzen, ob sie sie gleich noch nicht haben, um nach ihrem Gefallen davon zu urtheilen, und nicht vor geringer gehalten zu werden, als die andern. In einigen ist auch so gar der Kitzel entstanden zu schreiben, und seit dem es einige in Frankreich und in Italien mit gutem Erfolge gethan haben, so ist die Lecture und das Studieren unserem Geschlechte so gemein worden, daß keine für eine kluge Frauensperson gehalten wird, die sich nicht täglich damit beschäftiget.

Hieraus sieht man, wie wahr der im Anfange von mir angeführte Satz ist, daß die Frauenzimmer mehr als sonst zu lesen pflegen, seit dem die

Frauenzimmer zu schreiben angefangen haben. Der Grund dieser großen Wahrheit kann nicht in Zweifel gezogen werden, allein er ist nicht für alle sichtbar und deutlich. So lange die Männer alleine schrieben, so glaubten wir, daß ihre Werke über unsere Talente gingen, und wir schämten uns, unsere Zeit mit Dingen zu verlieren, deren wir nicht fähig zu seyn glaubten. Die Eigenliebe herrschet überall, wo die menschliche Natur herrschet. Eine Tochter dieser Eigenliebe ist diejenige natürliche Eitelkeit, wodurch wir gemeiniglich angetrieben werden, die Eigenschaften, die sich in uns finden, zu erheben, und die andern, welche wir nicht haben, zu verachten. Der Maler giebt der Malerey den Vorzug vor allen andern freyen Künsten in der Welt. Der Poet zieht die Poesie allen Wissenschaften vor: auf eben die Art setzten die Frauenzimmer die Bücher, die bisher bey ihrer Erziehung nicht Statt gefunden hatten, und wenn sie auch noch so schön und vortreflich waren, einer Frisur, einer Mode, einem Bande, womit sie sich einzig und allein beschäftigten, nach.

Da man in unsern Tagen einige Frauenzimmer gesehen hat, die sich durch merkwürdige Bücher hervorgethan haben, so trauen sie sich nunmehro fast alle die Fähigkeit zu, ein gleiches zu thun. Der Ruhm, den dergleichen Werke in der Welt erhalten, wird von uns vor etwas gehalten, worauf wir alle Anspruch zu machen haben. Läsen wir diese Werke nicht, so würden wir uns selbst Unrecht zu thun glauben. Aus dem Lesen entstehet in uns die stolze Nacheiferung, sie nachzuahmen: und auf diese Art bekommen wir nach und nach eine neue Leidenschaft, die in den vorigen Zeiten nicht sonderlich bekannt war, und diese ist, in der gelehrten Republik ebenfalls Sitz und Stimme zu haben. Dieses ist der Ursprung so vieler Begebenheiten, welche verschiedene Frauenzimmer seit einiger Zeit von sich selbst geschrieben haben: und dieses ist auch die wahre Ursache, die mich die meinigen zu schreiben bewogen hat, ohne zu überlegen, daß wir zu solchen Beschäftigungen nicht alle gleich aufgelegt sind. Da sich nun andere mit ihren Büchern in der Welt berühmt gemacht haben; so kann ichs ja auch thun, so bald ich Lust dazu bekomme. Dieses ist die Maxime, die ich bey mir fest setzte. Ich war nicht zufrieden, sie blos in Geheim zu hegen, sondern theilte sie auch, doch gleichsam nur im Scherze, meinen Freunden mit. Unter andern hatte ich einen, der die Regel aller meiner Handlungen war, und dem ich, weil er beständig um mich war, in allen Stücken folgte. Und da er ein Mann war, der mit allen Theilen der Gelehrsamkeit Bekanntschaft hatte, so dachte er in seinen Erholungsstunden beständig auf seltsame Begebenheiten, die er dem Publico zur Unterhaltung und zum Nutzen mittheilete. Er wuste wegen der langen und vertrauten Freundschaft, die wir seit verschiedenen Jahren mit einander gehalten hatten, alle meine Begebenheiten, und ließ daher den Vorschlag, den ich im Scherze that, meine Geschichte zu schreiben, nicht unbeantwortet.

Schreiben Sie, Madam, sagte er zu mir, denn Ihre Begebenheiten verdienen es. Das Unternehmen wird Ihrem Verstande mit meiner Hülfe nicht schwer werden. Die Welt wird Ihnen für diese neue Gelegenheit, Sie kennen zu lernen, und Sie zu bewundern, verbunden seyn; und wer weis, ob es Ihnen nicht irgend ein Buchhändler Dank wissen wird, daß auch Sie seine Vortheile vermehret haben.

Auf diese Schmeicheleyen antwortete ich, um mich von der Verbindlichkeit zu befreyen, daß viele dasjenige an andern heftig tadeln, wozu sie selbst nicht Fähigkeit genug haben. Liebster Freund, sagte ich, Sie wollen, daß ich meine Zeit mit Kleinigkeiten verlieren soll, wie Sie. Ich weiß zwar, daß Ihnen eine jede kluge Person ein grosses Geschenk macht, die Ihnen ihr Herz eröfnet, und ihnen die seltsamsten Begebenheiten ihres Lebens erzählet, wornach Sie so begierig sind. Allein glauben Sie denn, daß Sie der Welt ein grosses Geschenk machen, indem sie ihr so viele Ungereimtheiten zu lesen vorlegen? Anstatt es Ihnen Dank zu wissen, beklagt sie sich, daß Sie niemals nichts bessers herausgeben. Anstatt Ihre Werke zu loben, beklagt sie den Verfasser, daß er seine Zeit so elend verschwendet. Die Welt will keine Kleinigkeiten von einem, den sie zu allem fähig hält; und grosse Unternehmungen werden jederzeit von grossen Leuten ausgeführt. Wenn Sie mich fragten, was für Werke die Welt von Ihrer Feder verlangte, so würde de ich es in Wahrheit nicht sagen können, weil ich glaube, daß sie selbst nicht weis, was sie will; gleichwol muß man blindlings eine neue Strasse suchen, damit sie nur sehe, daß man sie zu befriedigen willens sey.

Ich glaubte dadurch seine Ueberredungen sattsam beantwortet zu haben: allein, es half weiter nichts, als daß mir mein Freund nur noch mehr zusetzte. Wenn die Welt, antwortete er mir, nicht weis, was sie von mir will, so weis ich, was ich von ihr will: und da ich es vollkommen weis, so darf ich die Beschäftigung nicht bey Seite setzen, welche sie Kleinigkeiten und Thorheiten nennet. Sie lese nur Bücher, die gelehrter und gründlicher sind, ich will so gleich welche mit viel grösserm Vergnügen schreiben. Diese geschwätzige und unvergnügliche Welt gebe mir eine jährliche Pension von einigen tausend Thalern, um mich nach meinem Stande zu unterhalten: und alsdenn schreiben sie nach ihrem Gefallen meiner Feder und meinen Gedanken Gesetze vor, so will ich auch das Unmögliche versuchen, um sie zu befriedigen. So lange ich mich in der harten Nothwendigkeit befinde, das Geld blos aus der Mine meiner Feder zu ziehen, so darf ich blos die Adern suchen, welche mit wenig Mühe viel einbringen. Die Buchhändler verkaufen heut zu Tage blos Romane: folglich darf ich auch nur Romane schreiben, wenn ich Bücher machen will, die verkauft werden, und meine Dinte in Gold verwandeln. Schreiben Sie also die Begebengebenheiten Ihres Lebens, Madam, wenn Sie die Welt mit einem Buche bereichern wollen, das Ihnen einige Vortheile verschaffen kann. Der Ruhm ist gut und vortreflich, wenn er von unserm Interesse begleitet wird: allein, er schämt sich über sich selbst, wenn er sich bey andern Hülfe zu suchen genöthiget siehet.

Gegen diesen Grund hatte ich nichts einzuwenden, ich schrieb also meinem Freunde zu Gefallen meine Begebenheiten, damit er sie nachgehends nach seinem Gefallen bekannt machen könnte. Dieses allein war jedoch noch nicht genug, mich zu diesem Schritte zu bewegen. Ich wollte mich von der Verbindlichkeit los machen, wozu ich mich im Scherze anheischig gemacht hatte; und er wollte seinen gefaßten Entschluß auch nicht fahren lassen. Er war in meinem Hause völlig Herr, weil ich ihm durch eine lange Freundschaft viele Verbindlichkeiten schuldig war. Dieses Ansehens bediente er sich, ohne mich zu beleidigen, zog mich aufs Land, und trennete mich auf einige Zeit von dem Umgange der grossen Welt. Da ich nun auf diese Art von aller äusserlichen Zerstreuung entfernt war, so beraubte er mich auch noch den grösten Theil des Tages seiner Gesellschaft. Den Müssiggang konnte ich nicht leiden, und die Einsamkeit war mir ebenfalls zuwider: wie konnte ich also die lange Weile besser vertreiben, als daß ich zu meinem Zeitvertreibe dasjenige aufsetzte, was mir bis hieher sonderbares in der Welt begegnet war? Ich bin

bin also aus Gefälligkeit und aus Nothwendigkeit die Verfasserin eines Buchs geworden. Indem ich dieses sage, fange ich an, meine Begebenheiten zu schreiben, und ich schmeichele mir, daß mein Anfang gut sey, da ich mit der Wahrheit angefangen, und andern die Gelegenheit und die Bewegungsgründe, die mich zu dieser Arbeit vermocht, bekannt gemacht habe.

Zweyter Abschnitt.

Meine persönlichen Eigenschaften. Nachricht von meinem Vaterlande und von meinen Aeltern.

Wenn man mit Vergnügen lesen will, so muß man zu dem Buche, das man in Händen hat, eine Neigung haben; und das Buch ist allezeit gut, wenn der Leser dem Verfasser wohl will. Wenig Bücher haben diesen grossen Vortheil, weil viele die Verfasser derselben nicht kennen, die sich gemeiniglich zu verbergen suchen, oder sich wenigstens nicht sonderlich bemühen, sich in ihren Werken kenntlich zu machen. Als ein Frauenzimmer bin ich berechtiget, alle meine Vortheile zusammen zu nehmen, um mich des Urtheils der Welt zu versichern. Ehe jemand anfängt, etwas von mir zu lesen, so soll er mich kennen, ob er mich gleich vielleicht niemals gesehen hat. Ohne einem Maler oder Kupferstecher beschwerlich zu fallen, will ich mich bemühen, es selbst, und so zu machen, daß ich, indem ich mir

nichts

nichts von andern beylege, und von dem meinigen nichts weglasse, durch die Wahrheit desselben das Herz aller der geneigten Leser gewinne, welche es zu betrachten die Gewogenheit haben werden.

Der Leser nehme demnach seine Einbildung zu Hülfe, und stelle sich an einem einsamen und abgesonderten Orte ein Landhaus vor, das zwar nicht groß, jedoch von der Natur und Kunst so ausgezieret ist, als es sich für den Stand einer Privatperson schicket. Hinter diesem Hause stelle man sich eine keine Sommerlaube vor, die von dichten Bäumen auf eine angenehme Art beschattet wird. Nicht weit davon gedenke man sich ein helles und klares Wasser, das von gewissen Felsen herab fällt, ohne daß es durch sein Murmeln das Nachdenken zu unterbrechen im Stande ist. Ferner, stelle man sich in dieser Laube eine Frau vor, welche den größten Theil des Tages darinne zubringt, schreibet, denket, und schweigt.

Dieses ist die äusserliche Stellung, die vielleicht jemanden begierig machen könnte, die Augen in das vor mir liegende Papier zu werfen, um sich von meiner Geschicklichkeit einen Begrif zu machen. Doch dieses ist für meine Aufrichtigkeit noch nicht hinlänglich, da ich mir durch das Geständniß der Wahrheit die Nachsicht der Leser zu erkaufen Willens bin. Wer mich also nicht sollte zu sehen bekommen, der wisse, daß ich nicht sehr jung bin; ob ich gleich auch nicht ganz alt genannt zu werden

verdiene.

verdiene. Dieses ist eine bewunderungswürdige und seltene Beschaffenheit von einer Frau, da die meisten, wenn von ihrem Alter und von ihren Jahren die Rede ist, von den Regeln der Rechenkunst so wenig wissen, daß sie kaum bis dreyßig zählen können. Man wisse ferner, und erstaune, da ich vielleicht die erste bin, die es sagt, daß ich von Gesichte so häßlich bin, daß ich mich selbst vor mir fürchte, und daß das Ansehen der übrigen Glieder meines Leibes mit dem Gesichte völlig übereinkömmt. Diese freywillige Empfehlung macht mir zwar nicht allzuviel Ehre: gleichwohl hoffe ich alles davon. Es ist in der That viel, daß alle Frauenzimmer, die bis hieher ihre Begebenheiten beschrieben haben, schön, ein Inbegriff der Annehmlichkeiten und mit allen Reitzungen versehen gewesen sind. Die Schönheit ist eine Tyrannin der Welt, und die Magnetnadel der seltsamsten Begebenheiten. Alle laufen den Schönen nach. Den Schönen begegnen gemeiniglich die seltensten Zufälle: durch die Schönen werden nicht nur Familien, sondern auch Städte und ganze Provinzen umgekehrt. Allein was wollen wir durch alles dieses sagen? Bin ich etwa kein Frauenzimmer, weil ich häßlich bin? Da ich meine Häßlichkeit freywillig gestehe, so kömmt mir vielleicht der besondere Ruhm zu, wodurch ich mich von andern unterscheide, daß ich mich selbst kenne, und daß ich das erste nicht schöne und nicht reitzende Frauenzimmer bin, welches durch seine Zufälle das Mitleiden der Welt zu verdienen sich schmeichelt. Man nenne mich nicht verwegen, wenn
ich

ich glaube, daß mir meine Häßlichkeit in diesem Falle vor den Schönen keine mittelmäßigen Vortheile geben müsse. Niemand wird von mir sagen können, daß ich schreibe, um mir Liebhaber zu verschaffen, da ich gleich anfänglich offenherzig gestehe, daß ich sie nicht verdiene. Wenn ich Mitleiden zu erhalten mich bemühe, so werde ich es durch mein Gesicht, welches unangenehm ist, gewißlich nicht zu erhalten suchen, sondern bloß durch mein Unglück, und durch mein Betragen; das mit andern ganz wohl in Vergleichung gesetzet werden kann. Da ich Dinge erzählen muß, die einen in Verwunderung setzen, so werde ich wenigstens nicht hören, daß man sie in Zweifel ziehen wird: denn wenn ich lügen wollte, so würde ich in einem Puncte nicht so aufrichtig gewesen seyn, worinne allen Frauenzimmern zu lügen erlaubt ist.

Wollte jemand an meiner Häßlichkeit zweifeln, so ersuche ich ihn, mich mit einem Besuche zu beehren, und er wird mir gewiß Gerechtigkeit wiederfahren lassen. Was nun diejenigen anbelanget, die sich diese Mühe vielleicht nicht geben möchten, so will ich hier kürzlich mein Bildniß entwerfen, damit sie mich, wenn ich ihnen etwa auf der Strasse begegnen sollte, leicht erkennen, und überzeuget werden mögen, daß ich sie nicht betrogen habe. Meine Gesichtszüge sind unregelmäßig; die Lippen blaß, die Augen ziemlich klein, die Backen

einge-

eingefallen, und dabey habe ich eine übel gebildete Nase, und eine überaus kleine Stirne. Ferner ist das Gesicht, der Hals und die Brust dermaßen mit Pockengruben gezieret, daß alles von Würmern zernagt und zerfressen zu seyn scheinet; ja, von der Brust ist mir so gar weiter nichts übrig, als der Name. Man kann mich ganz wohl ein, als ein Frauenzimmer gekleidetes Gespenst nennen, da meine Knochen, die übrigens sehr klein sind, bloß mit einer bleichen Haut bedecket sind. Die Natur ist in ihren Hervorbringungen oft unergründlich: man darf sich also nicht wundern, wenn mit diesem kleinen Baue die Stärke eines gesunden Temperamentes und die hitzige Lebhaftigkeit des Blutes, die vielleicht bis zur Ausschweifung gehet, nicht übereinkömmt. Ich weis nicht, ob nicht etwa die Natur einen Fehler begangen hat, da sie mich zum Frauenzimmer machte: so viel weiß ich, daß sie mir alle männliche Neigungen gegeben, die mir in meinem Stande nöthig waren, um von den Vorurtheilen des schönen Geschlechts ausgenommen zu seyn.

Was verlangt derjenige, der diese Geschichte lesen wird, mehr, um völlig von meiner Person unterrichtet zu seyn, und mir gewogen zu werden? Aus dem Titel sieht man schon, daß ich von Geburt eine Französinn bin; daß ich mich aber größtentheils in Italien aufgehalten habe. Meine Aeltern waren

waren wohlhabende Leute in Lion, welches man noch deutlicher sehen wird, wenn ich ins besondere von ihnen reden werde. Jetzt, da ich schreibe, sind sie, dem Himmel sey Dank, noch am Leben, und können nicht sagen, daß ich ihnen Schande gemacht habe; ob gleich ihre Maximen mit meinen Neigungen niemals übereingekommen sind. Da ich ihnen die Geburt schuldig bin, so glaube ich ihnen viel schuldig zu seyn: gleichwohl kann ich mich, ohne zu verachten, rühmen, daß ich ihnen außer derselben nichts zu verdanken habe. Sie haben mich auf die Welt gesetzet; allein, was ich gegenwärtig bin, das bin ich durch mich selbst geworden, und habe bis hieher nicht Ursache, mißvergnügt darüber zu seyn. Meine Aeltern befinden sich nicht in dem Falle, daß sie meiner nöthig hätten: aber auch ich brauche sie nicht. Sollte sich jedoch dieser Fall jemals eräugnen, so würde ich mir eine Ehre daraus machen, ihnen Gutes zu erweisen, ob sie es gleich vor einiger Zeit für eine Schande hielten, mir beyzustehen.

So ist das Schicksal in der Welt. Es giebt Aeltern, welche den Untergang ihrer Kinder befördern, weil sie sie zu sehr lieben: es giebt hingegen wieder andere, die dadurch, daß sie sie verfolgen, ihr Glück machen. Unter die Anzahl dieser letztern kann man auch die meinigen rechnen; doch hege ich deßwegen nicht den geringsten Haß oder

oder Zorn gegen sie. So zufrieden ich mit meinem gegenwärtigen Zustande bin, eben so sehr lobe und verehre ich ihr unverständiges Betragen. Hätten sie mir anders begegnet, so würde ich ganz gewiß in diesen glücklichen Zustand nicht gekommen seyn, den ich mir durch meine Geduld selbst zuwege gebracht habe. Sie dürfen daher nicht befürchten, daß die Bekanntmachung dieser Begebenheiten gleichsam der Ausbruch einer weiblichen Rache sey, und ihren Namen beschimpfe; denn ich kenne meine Pflichten zu gut, und bin weit entfernt, Dinge an den Tag zu bringen, die verschwiegen werden müssen. Es wird daher niemand erfahren, wer meine Aeltern sind, und wenn ich es ja sagen sollte, so würde ich es nicht anders, als zu ihrem Lobe bekannt machen.

Dritter Abschnitt.

Nutzen der Reflexionen in den Büchern. Wohlhabender Zustand meines Hauses, und Charakter meiner Stiefmutter.

Zween ganze Abschnitte mit der Einleitung zu einer kleinen Sammlung von Privatbegebenheiten anzufüllen, wird der ungeduldigen Neugierde des Lesers vielleicht zu viel scheinen: und gleichwohl sind sie bey meinen Umständen nicht überflüssig. Wenn ich mich bey der Welt in gutes

Ansehen setzen will, so muß ich nothwendig über meine Begebenheiten Betrachtungen anstellen; und wenn ich dieses will, so muß ich gemach gehen. Die bequemsten Betrachtungen sind meiner Meinung nach diejenigen, welche Bücher von dieser Art nützlicher und angenehmer machen. Alle sind daher hierinne nicht meiner Meynung, und die cultivirte Welt ist in diesem Stücke in zwey Partheyen getheilet. Unter den vielen Geschichten und Begebenheiten, die seit kurzem heraus gekommen sind, geben viele den Begebenheiten der Italiänischen Philosophie den Vorzug, weil mehr lehrreiche Betrachtungen darinne angetroffen werden, als in andern. Gleichwohl habe ich auch gehöret, daß andere diesen Ueberfluß für einen Fehler hielten, und in dergleichen Büchern eine ununterbrochene Reihe seltsamer Dinge und bewundernswürdiger Begebenheiten verlangten. Der Geschmack ist in der Welt verschieden; und wer kann mir denn sagen, welcher von diesen beyden einander entgegengesetzten der beste ist. Wenn bey dieser Ungewißheit jedermann seinen besondern Geschmack hat, so wird auch mir erlaubt seyn, dem meinigen zu folgen. Da ich bey allen meinen Handlungen Beobachtungen angestellet habe, so kann ich es auch jetzt nicht unterlassen, da ich schreibe. Können meine Reflexionen andern nicht zum Unterrichte dienen, weil sie sie nicht nöthig haben; so werden sie wenigstens für mich lehrreich seyn;

seyn, da ich den Lauf meines Lebens noch nicht völlig geendiget habe, und künftig noch in Umstände kommen kann, worinnen mir meine begangenen Begebenheiten zum Leitfaden, dienen können.

Indem ich also über die besondern Umstände meiner Jugendjahre zu reflectiren anfange: so hätte ich, wenn ich damals den aufgeklärten Verstand gehabt hätte, den ich nachgehends durch die Erfahrung und durch das Alter erhielt, nicht sonderlich mit mir selbst zufrieden seyn dürfen, weil ich mich damals in einem allzu glücklichen Zustande befand. Die Glückseligkeit der Menschen steht mit der menschlichen Natur in einem offenbaren Widerspruche. Alle können nicht alles haben; und dieses einzige, was uns fehlt, ist öfters hinreichend, uns mißvergnügt zu machen. Und wenn sich auch unsere Begierden auf das Viele einschränken wollten, was wir haben: so könnte doch der einzige Gedanke, unsere Glückseligkeit zu stören, hinreichend seyn, daß die irrdischen Glückseligkeiten niemals von langer Dauer sind, und daß auf die angenehmste Stille meistentheils ein großes Ungewitter zu folgen pflegt. Wenn ich in meiner Jugend die Zukunft so betrachtet hätte, wie ich sie jetzt betrachte, so würde ich mir, anstatt mich in meinem Zustande für glücklich zu halten, meine künftigen Unglücksfälle vorher haben vorstellen kön-

können. Da mir in dem väterlichen Hause von dem Nothwendigen nichts abgieng, so hätte ich wohl befürchten sollen, daß mir alles auf einmal ohne meine Schuld fehlen könnte: und da ich sahe, daß ich die Hoffnung und das Vergnügen meines Vaters war, so hätte ich auch bedenken sollen, wie es um mich stehen würde, wenn ich ein Gegenstand seines Hasses und seines Abscheues werden sollte.

Ich war die einzige Tochter einer Mutter, welche zu leben aufhörete, als sie mir das Leben gab, und wuchs bis in mein dreyzehntes Jahr in dem Glanze eines reichen Hauses, und in den Armen eines liebreichen Vaters, der mich zum Erben seines ganzen Vermögens machen wollte; weil er mich gleich von dem ersten Augenblicke meiner Geburt an zur Erbin aller der Zärtlichkeit gemacht hatte, die er für eine liebenswürdige Frau hegete, die er auf eine so unerwartete Art verlohren hatte. Welch Frauenzimmer würde damals meinen Zustand nicht beneidet haben, wenn sie mich, auch sie sich im Spiegel besehen hätte, mit meinen persönlichen Eigenschaften nicht allzuwohl zufrieden gewesen wäre. Die erste Schönheit eines jungen Mädchens, das sich verheirathen will, bestehet in der Mitgabe; und aus diesem Grunde hätte ich mich für eine von den schönsten halten sollen. Allein ich weis nicht, war es die Unerfahrenheit

der

der Jahre, oder die ganz und gar nicht weibliche Beschaffenheit meines Temperaments, daß mir dergleichen Gedanken damals ganz und gar nicht einfielen. Ich war von der Eitelkeit und Weichlichkeit des andern Geschlechts so weit entfernt, daß ich an dasjenige zuletzt dachte, woran ich natürlicher Weise zuerst hätte denken sollen, das ist, den Mängeln der Natur durch die Kunst zu Hülfe zu kommen, um in den Augen der Welt liebenswürdig zu scheinen. Wenn mich die Kammerweiber im Hause auf einige Augenblicke an den Nachttisch führeten, so war dieses eben so viel, als wenn ich in den Tod gehen sollte. Die Kleider, die Zieraten, die Moden und andere weibliche Galanterien, welche die ersten und wichtigsten Beschäftigungen unseres Geschlechtes sind, waren für mich Dinge, die mir, wenn ich nur davon reden hörte, Eckel verursachten, und mich schläfrig machten. Deswegen hassete ich aber nicht die äusserliche Reinlichkeit, die sich für meinen Zustand schickete. Ich liebte sie, allein, ich affectirte nicht sie zu lieben. Ich beobachtete sie auch bey den geringsten Umständen, doch suchte ich keine Ehre darinne: und da ich in diesen Stücken ganz und gar keine Vorurtheile besaß, so that ich mit meinem geringen Verstande nichts anders, als daß ich das Lächerliche davon untersuchte, um es um so viel mehr zu vermeiden, je mehr ich es von andern eifrig nachahmen sahe.

Ich weis nicht, ob meinem Vater dieser ganz und gar nicht weibliche Character gefiel: so viel weis ich aber, daß mich seine Liebe nach meinem Gefallen leben ließ, und daß er mir ein glückliches Leben würde verschaft haben, wenn er in seinen Neigungen etwas beständiger und gesetzter gewesen wäre. Dieser Mann, der seiner verstorbenen Frau dreyzehn Jahr lang so getreu gewesen war, und der keine andere Liebe kenneté, als die Liebe zu seiner Tochter, änderte sich, ich weis nicht wie, auf einmal, und schritt ganz unvermuthet zur zweyten Ehe mit einer Person, die zwar im Gesichte einige Verdienste hatte, unser Haus aber nicht um einen Heller bereicherte, ja vielmehr seinen ersten Glanz in etwas verdunkelte. Ich sahe die traurigen Wirkungen dieser Ehe nicht voraus, weil mir dieses mein zartes Alter nicht erlaubte: allein, wenn ich sie auch voraus gesehen hätte, so wäre ich doch nicht im Stande gewesen, mich zu widersetzen, weil mir solches die kindliche Unterthänigkeit nicht erlaubte. Von diesem unvorsichtigen Schritte meines Vaters hieng mein ganzes Glück ab: ich bitte daher meine Leser, mit mir Mitleiden zu haben, wenn ich mich über ihn beschwere, und sage, daß er mich nicht in der That liebte, weil er dieses sonst nicht würde gethan haben. Vielleicht sahe er selbst die unglücklichen Folgen davon nicht voraus: allein, wenn er sie auch nicht voraus sahe, so hätte er sie doch wenigstens

nigstens abzuwenden suchen sollen, als er meine ersten Klagen darüber hörete. Doch, dem sey, wie ihm wolle, es war einmal im Himmel so beschlossen; und der Himmel würde vielleicht die Gerechtigkeit meiner Sache nicht beschützet haben, wenn ich es nicht durch meine Gedulb verdienet hätte.

Meine neue Stiefmutter vermehrete unsere Familie in den ersten drey Jahren ihrer Ehe mit drey Söhnen. Ich liebte sie anfänglich wie Brüder, weil ich niemals glaubte, daß sie mir das Herz meines Vaters entreissen würden. Er hörete zwar ihrentwegen nicht auf mich zu lieben: allein, ich wurde täglich mehr gewahr, daß ich nicht alleine geliebet wurde. Die Frau war diejenige, welche den grösten Theil seiner Zärtlichkeit besaß, und es war mir ungelegen, daß ich in seinem Herzen erst die vierte Stelle haben sollte, da mir die Rechte des Alters und der vorige Besitz die erste zusprachen. Ich verlor sehr viel, da ich mit andern drey Brüdern das Vermögen eines Hauses theilen sollte, das mich seit so vielen Jahren als die einzige Erbin derselben angesehen hatte: doch würde mir diese Theilung weniger empfindlich gewesen seyn, wenn es meine Stiefmutter dabey hätte bewenden lassen. Sie befürchtete, das Glück ihrer Kinder nicht hinlänglich befestigen zu können, wenn sie es nicht auf meinen Untergang bauete. Hätte mein Vater diese ihre boßhafte Absicht eingesehen, so glaube ich nicht, daß er so barbarisch und unmenschlich gewesen seyn würde, die Wirkungen davon nicht verhindern

dern zu wollen. Die listige und unersättliche Frau wußte sich so gut zu verläugnen, daß er ihre verkehrten Absichten, ohne sie zu kennen, selbst befördern half, und daß er der erste war, der mich ins Elend stürzete, da er doch einzig und allein auf meine Glückseligkeit hätte bedacht seyn sollen.

Die Herrschaft, welche sich eine Frau über den Geist eines Mannes oder Liebhabers zuwege bringt, hat ihren Grund nicht allezeit in den Verdiensten, sondern gemeiniglich in der List oder in dem Zufalle. Meine Stiefmutter konnte liebenswürdig genannt werden, wenn man sie im Gesichte betrachtete: untersuchte man aber ihren Character, so mußte man sie nothwendig verabscheuen. Sie war von allen Vorurtheilen unseres Geschlechtes eingenommen, und wendete die feinste Kunst an, sie zu verbergen; doch verbarg sie sie nicht so sehr, daß ihre boßhafte Natur nicht hätte durchschimmern sollen. Ihren Character könnte man mit wenig Worten beschreiben, wenn jedem die Stärke davon so gleich in die Augen leuchtete; und man dürfte blos sagen, daß sie immer etwas wollte, ohne jemals zu wissen, was sie wollte. Ihr Wille war in einer beständigen Bewegung, und gieng von einem Verlangen zum andern, so wie sie ihre Schritte von einem Orte zum andern richtete, ohne jemals still zu stehen. Es war, als wenn sie statt des Blutes Quecksilber in den Adern hätte, und ich kann mich nicht erinnern, sie jemals nur wenige Minuten hinter einander stehen oder sitzen gesehen

zu

zu haben: sie wechselte beständig ab, und ihre ganze Person war in einer solchen Bewegung, daß sie von der Tarantel gebissen zu seyn schien. Die Nächte waren für sie nicht ruhiger als der Tag, und es musten beständig zwey Betten in ihrem Zimmer bereit stehen, damit sie sich aus einem ins andere begeben konnte, so bald sie aus ihrem kurzen Schlafe erwachte.

So wie nun ihr Körper in beständiger Bewegung war, so flüchtig war auch ihr Geist. Bisweilen brannte sie vor Durst; und er verging ihr sogleich wieder, so bald sie nur das Wasser sahe. Auf den Durst folgte der Hunger: kaum aber hatte man ihr zu essen gebracht, so war es ihr wieder zum Eckel. Sie putzte sich mit der größten Ungeduld, um auszugehen: und kaum hatte sie die Thürschwelle erreichet, so kehrete sie wieder um, und setzte das ganze Haus in Unruhe. Sie durfte nur etwas nennen hören, so wollte sie es durchaus sogleich haben; und so bald sie es hatte, so achtete sie es nicht mehr. Ich würde so bald nicht fertig werden, wenn ich die Eigenschaften ihres seltsamen Characters alle beschreiben wollte. Mein Vater mußte die Gefahr davon gewiß nicht sehen, weil er so heftig in sie verliebt war. Eine heftige Leidenschaft verändert an den Gegenständen allezeit die Farbe, und weis auch dem Laster den äusserlichen Schein der schönsten Tugend zu geben. Dem sey nun wie ihm wolle, so war mein Vater bey dem seltsamen Betragen dieser Frau nicht allezeit zugegen; ich aber

war

war der Wirkung davon allemal zuerst ausgesetzt. Mein Fall verlangte Verstellung und Klugheit; und ich kann mich rühmen, daß ich damals mehr als nöthig war, davon hatte. Allein, auch die Klugheit ermüdet endlich, so lange sich nicht das Geheimniß findet, bey den Thorheiten anderer ganz unempfindlich zu seyn.

Vierter Abschnitt.

Verfolgungen meiner Stiefmutter. Unerlaubte Nachsicht des Vaters, und Betragen der Bedienten gegen mich, wovon mir ein einziger einige Hülfe leistete.

Wer keine Händel haben will, sagt ein Sprüchwort, der suche keine; und diejenigen sind grosse Thoren, die sich um anderer Leute Handlungen bekümmern, wenn sie sie nichts angehen. Die grosse Maxime, leben und leben lassen, ist in der Gesellschaft überaus nöthig: gleichwohl wird sie noch weniger ausgeübet als andere. Auch diese Unordnung kömmt von dem Ehrgeitze der Menschen her, die sich zu den Gesetzgebern anderer machen, damit sie selbst ohne Gesetz und ohne Regel leben können. Warum fangen denn diese Verbesserer der Welt, die mit guten Rathschlägen gegen ihre Freunde so verschwenderisch sind, nicht bey sich selbst an?

Man spielt den Krieg gemeiniglich in ein ander Land, damit er in dem unsrigen nicht mit doppeltem Schaden geführet werde: doch würde man ihn ganz vermeiden, wenn man dem angeführten Grundsatze folgen wollte. Die Menschen lassen sich durch den Eifer für die Wohlfarth anderer leicht verblenden, weil sie nicht sehen, was ihnen selbst fehlt. Wenn die Eiferer stillschweigender und vorsichtiger wären, so würde man weniger Mängel in der Welt finden, oder sie würden doch nicht so offenbar seyn, weil sie vergrössert werden, indem man sie verabscheuet; und weil sie allgemein bekannt werden, indem sie ein Freund dem andern anvertrauet. Was für einen würdigern Gegenstand meines Tadels hätte ich finden können, als den Character meiner Stiefmutter, wenn ich unter der Anzahl derer gewesen wäre, welche die Uneinigkeit in den Familien unterhalten, indem sie die Schwachheiten anderer entdecken und verlachen. Meinetwegen hätte sie noch schlimmer seyn können, ich würde mir wenig daraus gemacht haben, wenn ich mich nicht nothwendiger Weise hätte vertheidigen müssen. So verschieden wir auch unserm Character nach waren, und so sehr sie mich durch ihre Thorheiten böse machte: so hatte ich doch eines Theils herzlich Mitleiden mit ihr, und betrachtete sie übrigens nicht anders, als ein Original, das meine Beobachtungen verdienete, um in der Welt leben zu lernen, ohne mich lächerlich zu machen. Hätte sie sich also nicht vorgenommen gehabt, mein Glück zu untergraben, ich würde gewiß niemals etwas wider sie vorgenommen haben.

Da

Da sie sahe, daß sich die Ueberlegenheit meines Verstandes nicht von ihrem Ansehen beherrschen ließ, so befürchtete sie, ich möchte durch meine natürliche Fähigkeit meinem Vater alle ihre Absichten vereiteln; wenn sie mich nicht von ihm entfernte. Hierzu kam noch, daß der Beyfall in den Versammlungen und Gesellschaften unter uns getheilet war: und wenn meine nicht allzu reitzenden Gesichtszüge mit den ihrigen in keine Vergleichung gebracht werden konnten: so mußten auch ihre kindischen und lächerlichen Manieren der Geschwindigkeit und Lebhaftigkeit weichen, welche jedermann in meinem klugen und anständigen Betragen fand. Jedes Frauenzimmer will entweder alleine in den Gesellschaften glänzen, oder doch wenigstens die erste Stelle haben. Die Grenzen werden von den Fürsten nicht so eifrig bewachet, als wir über unsere Eroberungen halten. Ein Mädchen, das in diesem Stücke ihrer Mutter einigen Verdacht erwecket, darf nicht hoffen, in der Zärtlichkeit oder in dem Blute vor ihrem eifersüchtigen Unwillen eine Freystatt zu finden. Die meinige war nicht wirklich Mutter, und daher machte auch dieses wenig Eindruck auf sie. Um nun in den öffentlichen Gesellschaften den Vorzug nicht zu verlieren, so fieng sie an, mich nach und nach davon zu entfernen. Es fehlete ihr nicht an Ausflüchten, dieses Betragen bey meinem Vater zu rechtfertigen, weil der alte Mann, der in die noch junge Frau sterblich verliebt war, die Bitterkeit ihrer innerlichen Gesinnungen von der äusserlichen Annehmlichkeit

ihrer

ihrer ehelichen Liebkosungen nicht genug unterscheiden konnte. Wenn man sie von mir reden hörte, so war ich ein unachtsames Mädchen, das ihr durch seine Nachläßigkeiten wenig Ehre machte, wenn es sich irgendwo auf eine anständige Art zeigen sollte. Da ich die Eitelkeit nicht liebte, so hegete ich ihrer Sage nach pöbelhafte Neigungen. Widersprach ich in Gesellschaften den Vorurtheilen unsers Geschlechts, so war ich nach ihrem Urtheile ein Geist des Widerspruchs, der allen Freunden unhöflich begegnete. Fieng ich eine Unterredung an, die der weiblichen Welt nicht allzu gemein war, so war ihr Ausspruch, daß ich gelehrt thue, und mich lächerlich machen wollte. Hörete ich blos zu, und schwieg, so war ihr gewöhnlicher Verdacht, daß ich es thäte, um ihre Mängel und Fehler zu bemerken, und mich auf ihre Kosten lustig zu machen. Ausserdem unterließ sie auch nicht, mein gefährliches Alter und meinen frechen Character, wie sie sich auszudrücken pflegte, auf einer übeln Seite zu zeigen. Mein Vater mochte es nun glauben, oder sich nur so stellen, um sich ihr gefällig zu machen; so ist doch so viel gewiß, daß er sich ihren listigen Absichten nicht widersetzte; und ich sah mich nach und nach genöthiget, in meinem Zimmer von dem Umgange der Welt gänzlich abgesondert zu leben.

Es war gut für mich, daß ich mir gleich von der Zeit an ein Gesetz gemacht hatte, mich nach der Nothwendigkeit meiner Umstände freywillig zu bequemen. Aller Zwang schien mir eine Erniedrigung

zu seyn; daher sich mein Geist über alle Beschwerlichkeiten des Lebens wegsetzete, weil ich die Erniedrigung des Gemüths mehr verabscheuete, als alle
widrige Zufälle des Schicksals. Deßwegen unterließ ich jedoch nicht, meinen traurigen Zustand ingeheim zu beweinen, zumal da ich noch schlimmere
Folgen davon voraus sahe. Ich war zwar empfindlich, doch aber auch beständig, um meinen Verfol-
gern zu zeigen, daß ich mich über ihre Boßheit weg-
gesetzet hätte. Ob ich nun gleich von der Gesellschaft der Menschen entfernet war, so unterließ
ich doch nicht, zu meiner Belehrung ihre Character
zu studiren, und über die menschlichen Schicksale
ernsthafte Betrachtungen anzustellen. Meine täglichen Beschäftigungen waren die Bücher, weil mir
der Putz unsers Geschlechts nicht mehr Zeit raubete, als zu meinem Anziehen und Ausziehen erfordert
wurde. Von den häuslichen Beschäftigungen wurde ich ganz und gar nicht zerstreuet, weil sie von
Bedienten besorgt wurden, woran in unserm Hause kein Mangel war. Mich mit diesen Leuten gemein zu machen, kam mit meinem Stolze nicht
überein, gleichwohl muste ich mich bisweilen zur
Vertraulichkeit mit meinem Bedienten herablassen,
um nicht von meinen Eltern betrogen zu werden,
und von dem, was zu meinem Nachtheile im Hause
vorgieng, Nachricht zu erhalten. Ich sahe sehr
wohl ein, daß ich mich nicht auf alle gleich verlassen konnte. Wer aus Noth dienet, hat nicht selten eine eigennützige Seele, die sich aus der Gunst
der Herrschaft einen Abgott machet, in demselben

aber

Die Französin in Italien.

aber blos sein eigenes Glück anbetet. Eine verfolgte und unterdrückte Tochter konnte sich bey ihnen in der That nicht viel Achtung erwerben, da sie sich alle bemüheten, blos der Frau zu gefallen, welche der Firstern in der Familie war. Doch hätte es ihnen übel gehen sollen, wenn sie die Hochachtung gegen mich ausser Augen gesetzet hätten. Ich wurde zwar gedrückt; doch ließ ich mich nicht erniedrigen, und wußte allen zu zeigen, daß, wenn mir auch das Glück Unrecht thäte, ich mir doch nicht selbst ein grösseres Unrecht anthun wollte.

Unter den Bedienten, welche mein Vater besoldete, befand sich einer, der über seine Einkünfte gesetzt war, auf dessen Fähigkeit er sich verlassen konnte, und der bereits seit verschiednen Jahren alle seine Geschäfte verwaltete. Dieses war ein Italiener von Geburth, der damals blos zwey und zwanzig Jahr alt war. Er hatte einen muntern Verstand, war von Person wohl gemacht, manierlich, und so viel man glaubte, auch von gutem Herkommen; allein, die ersten Ausschweifungen seiner unerfahrnen Jugend hatten ihn genöthiget, sein Vaterland zu verlassen, und von Neapel nach Lion zu kommen, um daselbst einen ehrlichen Unterhalt zu suchen. In meinem Hause hatte er ihn gar geschwind gefunden, und mein Vater, der ein guter Kenner der Talente der Menschen war, hatte sich kaum von seiner Geschicklichkeit überzeuget, so wollte er ihn auch durchaus haben. Don Maximus, so hieß er, wohnte bey uns im Hause; er aß mit an

C unserm

unserem Tische, und bekam einen ansehnlichen Gehalt, dessen Anwendung man jedoch nicht erfahren konnte, weil man niemals etwas besonders bey ihm sahe, und weil es ihm beständig an Gelde fehlete. Da er über die Bewegungsgründe der Abreise aus seinem Vaterlande ein tiefes Stillschweigen beobachtete, so wußte man gar nicht, was man von seinem gegenwärtigen Betragen denken sollte; welches jedoch in Ansehung der Pflichten seines Dienstes untadelhaft war. Er war unter allen unsern Bedienten der höflichste und manierlichste, und genoß deßwegen mein Zutrauen vor allen andern: er machte sich auch desselben täglich würdiger, da er mit meinen Umständen aufrichtig Mitleiden hatte. Diejenigen Stunden, die ihn von seinen andern Geschäften übrig blieben, brachte er bey mir zu, und verschafte mir durch seine einsichtsvollen Räthschläge nicht weniger Nutzen, als er mir durch seine Lebhaftigkeit in meiner Betrübniß Ermunterung machte. In unsern öftern Zusammenkünften wurde mein Zustand untersuchet; man ergründete die Absichten meiner Stiefmutter; man entdeckte die Schwachheiten meines Vaters; man sahe die Folgen davon voraus; man dachte auf Mittel, und man stellete über die Begebenheiten der Welt, und über die nöthigsten philosophischen Tugenden Betrachtungen an, um nicht von dem Schicksale unterdrücket zu werden. Don Maximus wußte sehr wohl zu leben, weil seine Scharfsinnigkeit und Aufmerksamkeit die wenige Erfahrung der Jahre ersetzte. Er unterließ nicht, mir an den Büchern

einen

einen Geschmack beyzubringen, worinne er sich selbst gebildet hatte: und ich kann wohl sagen, daß ich ihm die Cultur meines Verstandes gröstentheils zu verdanken habe; wenn es wahr ist, wie einige wollen, daß mir dieser allein in der Welt einen großen Vorzug verschafft habe.

Da ich mir mit dieser Gesellschaft die traurigen Gedanken in meiner Einsamkeit vertrieb, so wurde mir diese täglich weniger empfindlich, und ich hatte so gar bisweilen einen besondern Vortheil davon. Diese Stunden, die für mich angenehm waren, konnten für den Don Maximus verlohren geschäzet werden, wenn ich nicht gesuchet hätte, ihm den Verlust derselben durch öftere Geschenke weniger empfindlich zu machen, welche seine Mühe, mein Gesellschafter und Lehrmeister zu seyn, gewisser maßen belohnten. Allein, behüte der Himmel, daß ich ihn für so eigennüzig hätte halten sollen. Die künftige Erfahrung hat mich nachgehends völlig überzeugt, daß er Gesinnungen einer wahren Freundschaft gegen mich hegete: allein seine Umstände, die mir wenig bekannt waren, wollten es damals so; und wenn er nicht Ursache hatte, sich über mich zu beschweren, so hatte auch ich tausend Bewegungsgründe, mit ihm äußerst zufrieden zu seyn.

Fünfter

Fünfter Abschnitt.
Geheime Unterredung mit Don Maximus, bey welcher Gelegenheit er mir seine Liebesgeschichte erzählte.

Mit Stricken bindet man die wilden Thiere; und die menschlichen Gemüther, die vielleicht noch unbändiger sind, als sie, werden mit Wohlthaten gebunden. Ich will zwar glauben, daß Don Maximus die Gerechtigkeit meiner Sache nicht aus Eigennutz begünstigte: allein die schlechten Umstände seiner Oekonomie, die ich beständig auf alle Weise zu unterstützen suchte, ward ohne Zweifel ein sehr starkes Band, das ihn an mich fest knüpfete. Ich konnte nach meinem Gefallen über eine gewisse Summe Geldes disponiren, die mir mein Vater alle Monathe zu meinen kleinen Vergnügungen gab. Eine jedes anderes Frauenzimmer von meinem Alter würde sie mit weiblichen Galanterien, deren ganzer Werth von der verkehrten Meinung der Welt abhängt, auf eine schlechte Art durchgebracht haben. Ich aber, da ich zu dergleichen Schwachheiten ganz und gar nicht geneigt war, verwendete etwas davon auf Bücher, die mir in meinen Jahren zum Unterrichte dieneten, und mir in meiner Einsamkeit eine grosse Erleichterung verschaften. Alles übrige schenkte ich dem Don Maximus, so oft ich hörete, daß er sich über sein mittelmäßiges Glück beklagte.

Diese Klagen erregeten in der That oft das Verlangen in mir, seine Umstände etwas näher kennen

nen zu lernen. Bisweilen schöpfete ich so gar einen üblen Verdacht gegen ihn, weil ich mir gar nicht vorstellen konnte, daß der Gehalt, den er von meinem Vater bekam, nicht zureichen sollte, da er weder eine Familie zu unterhalten hätte, noch auch, wie es schien, einem herrschenden Laster ergeben war, das seine Finanzen erschöpfte. Allein, ich war zu weit entfernt, mich um seine Handlungen zu bekümmern, oder seine Umstände genauer zu untersuchen, um mich aus diesem großen Zweifel zu reissen. Die erste Tugend, welche einer wahren Freundschaft zum Grunde dienet, muß die Bescheidenheit seyn. Ein Freund, der eines andern Betragen unbescheidner Weise ausforschen und ihm Gesetze vorschreiben will, wird gemeiniglich ein Pedant. Hätte Don Maximus seinen Mangel gegen mich nicht oft selbst entdecket, ich würde gewiß niemals eine Sylbe gesagt haben, um die Ursache davon zu erfahren. Die vielen Stunden, die wir alle Tage mit einander zubrachten, die gegenseitige Vertraulichkeit, wozu uns meine Umstände nöthigten, die Hülfe, welche ich ihm dann und wann leistete, und die guten Dienste, die er mir bey meinem Vater von Zeit zu erwieß, öffneten mir nach und nach den Weg, in sein Herz zu sehen, und dasjenige von ihm selbst zu erfahren, warum ich mich niemals bekümmert haben würde.

Eines Abends, da wir bey Mondenscheine im Garten spazierten, entfuhr ihm ein Seufzer, der mir Gelegenheit gab, zu fragen, was ihm fehlete

Der Mond sieht mich an, antwortete er mir scherzend, um mir zu sagen, daß ich der gröste Narr bin, den er jemals beschienen hat. Schenken Sie mir ja kein Geld mehr, Mamsell, wie Sie so vielmal gethan haben, Sie möchten sonst glauben, ich brächte blos deswegen beständig Klagen vor. Sie haben mir genug gegeben, und zwar zu meiner Schande; weil es zu nichts gedienet hat, als die Schwachheiten meiner rasenden Einbildung zu unterhalten. Ich würde vielleicht niemals im Stande seyn, Ihnen meine Schuld zu bezahlen, wenn ich es mit Gelde thun wollte: wenn Sie aber glauben, daß eine wahre freundschaftliche Handlung mehr werth sey, als alles Geld, so bin ich augenblicklich im Stande, Ihnen alle Verbindlichkeiten zu bezahlen, die ich Ihnen schuldig bin, indem ich Ihnen etwas vertraue, daß ich auch meiner Schwester nicht würde gesagt haben. Da Sie von den menschlichen Dingen richtig zu urtheilen im Stande sind, und ein Herz haben, das eine gute Philosophie gebildet hat, und das sich weit über ihr Geschlecht wegsetzet: so glaube ich, daß ich gegen ihre Wohlthaten erkänntlich genug bin, wenn ich Ihnen mein ganzes Herz eröfne, woraus Sie sehen werden, wie sehr es bis hieher Ihrer Geschenke unwürdig gewesen ist. Sehen Sie, Mamsell, jetzt werde ich Ihnen eine unläugbare Probe geben, daß ich als ein ehrlicher Mann mit Ihnen handele, und daß ich von Ihrer Ehrlichkeit den grösten Begriff habe. In Ihrem Hause bekomme ich nicht wenig, und gleichwohl habe ich niemals nichts, weil mir die grausame

Liebe

Liebe alles wegnimmt. Dieses Geständniß muß Ihnen ganz neu vorkommen, weil ich mir seit der Zeit, da ich in Lion bin, alle mögliche Mühe gegeben habe, meine Schwachheit auf das sorgfältigste zu verbergen. Man hat jederzeit geglaubt, ich sey alleine: ich muß Ihnen aber sagen, daß ich eine ganze Familie auf dem Halse habe, der ich durch meine Arbeit Unterhalt verschaffen muß; und dieses aus Liebe gegen eine einzige Person, auf welche diese elende Familie alle ihre Hoffnung gesetzet hat. Dieses Mädchen heißt Johanne; sie ist von gemeinem Stande, dabey aber hat sie einen ehrlichen Character, der jedoch zu meinem Unglücke unbeständig ist. Allein ihr Gesicht ist so liebenswürdig, daß ich als ein thörichter Liebhaber auch so gar mit ihrer Unbeständigkeit Mitleiden habe. Sie hat noch ihre Mutter, und zwo Schwestern, die jünger sind; allein vier Mäuler mehr sind eine Last, die meinen mittelmäßigen Verdienst übersteigen. Ich fieng an, sie in Neapel, meinem Vaterlande, zu lieben, da ich noch unter der Gewalt meines Vaters stund, und ich war schon im Begriffe sie zu heirathen, wenn sich nicht die Drohungen meines Vaters, unsere ansehnliche Familie und ihr grosser Anhang meinen verliebten Absichten mit Gewalt widersetzet hatten. Um nun unserm Umgange auf einmal ein Ende zu machen, so wurde meine liebe Johanne von Neapel entfernt, und mit ihrer ganzen Familie nach Lion geschaffet, nachdem sie mein

Vater mit zweyhundert Thalern beschenket hatte, um ihr eine so traurige Trennung weniger empfindlich zu machen. Die Sache wurde jedoch nicht so heimlich ausgeführet, daß ich nicht einige Nachricht davon hätte bekommen sollen. Ich beweinte meine verlohrne Liebste bitterlich, ich verabscheuete die Grausamkeit meines Vaters, schwur, mich zu rächen, und war bereit, ihr auch bis ans Ende der Welt nachzulaufen: allein es gelung mir nicht, sogleich zu erfahren, in was für einen Theil der Welt man sie geschicket hatte. Da ich der einzige Erbe einer ansehnlichen und vermögenden Familie war, so muß ich sagen, daß Mamsel Johanne auf Anratben ihrer Mutter eine so günstige Gelegenheit, ihr Glück zu machen, nicht aus den Händen lassen wollte. Einen Monat nach ihrer Abreise von Neapel, bekam ich durch die dritte Hand einen Brief, der mit solchen süßen Schmeicheleyen und zärtlichen Ausdrücken angefüllet war, daß sie auch ein steinern Herz erweichet haben würden, wenn es der Liebe fähig gewesen wäre. Mehr brauchte es nicht, meine Flammen wieder rege zu machen, und ich war sogleich zu den eiligsten und heftigsten Entschliessungen bereit. Ich war ein Liebhaber, und mein Vater widersetzte sich meiner heftigen Liebe. Welche menschliche Klugheit konnte mich also von einem Schritte zurück halten, der nicht nur meine Liebe befriedigte, sondern mich auch an meinem Vater rächete. Da er nur einen einzigen
Sohn

Sohn hatte, so wurde ihm alles genommen, wenn ihm dieser genommen wurde: und da er nicht wollte, daß ich meinen Abgott heirathete, so sollte er mich auch nicht zum Sohne haben. Wenn ich also auch ohne ihn nicht glücklich seyn konnte, so wollte ich doch wenigstens, daß wir beyde gleich unzufrieden wären.

Die Liebe macht die Feigsten verwegen, und benimmt den Klügsten den Verstand. Mein Alter war keiner grossen Ueberlegung fähig, und meine verzweifelte Liebe war alles zu unternehmen entschlossen. Da ich einmal bey mir festgesetzet hatte, daß ich ohne den besten Theil meiner selbst nicht leben wollte; so fand ich Gelegenheit, ohne Wissen meines Vaters etwas Geld zusammen zu bringen: und da er sich seiner Hausangelegenheiten wegen auf dem Lande befand, so machte ich mir diese Zeit zu Nutze, und gieng heimlich nach Lion, mit dem festen Entschlusse, niemals wieder in mein Vaterland zurückzukommen. Man darf nur wissen, was Liebe ist, um sich vorzustellen, wie sehr ich meine Reise beschleunigte, und welche entzückende Freude ich bey meiner Ankunft empfand. Mamsell Johanne und ihre ganze Familie nahm mich als einen Schutzengel auf, der vom Himmel geschickt wäre, ihr wankendes Glück zu unterstützen. Das Geld, so sie von meinem Vater geschenkt bekommen hatten, war beynahe alle, und diese unglücklichen

Weibspersonen wußten nicht, wo sie sich hinwenden sollten, wenn sie nicht durch meine unerwartete Ankunft einige Hoffnung geschöpfet hätten. Ich würde mein Blut für sie hingegeben haben: allein meine Börse war ziemlich schwach, und was das schlimmste war, so hatte sie eine mit der Geschwindigkeit der Post zurückgelegte Reise noch mehr geschwächet. Da ich vor allen Dingen auf die Zukunft dachte, so überlegte ich ganz langsam das Gegenwärtige, und suchte sogleich eine Handthierung, welche mir diese Familie zu unterhalten Gelegenheit geben möchte.

Mein gutes Glück wollte, daß ich Ihrem Vater gefiel, und daß er mir die Verwaltung seiner Einkünfte anvertrauete. Der Gehalt dieser Stelle ist nicht zu verachten, und würde mehr als zu hinlänglich seyn, auf eine anständige Art zu leben, wenn ich blos an mich zu denken hätte. Der Mamsell Johanne ihre Familie ist keine geringe Last für mich, und ihre Denkungsart, die sich auf keine Art vergnügen läßt, würde einen jeden andern, der sie weniger liebte, erschrecken. Da sie ein Frauenzimmer in ihren besten Jahren ist, und dabey alle mögliche Eitelkeit ihres Geschlechts besitzt, so ist sie nicht mit wenigem zufrieden: und ich bin gewiß, daß sie ihre Freyheit mir zu Gefalle nicht aufopfern würde, wenn sie nicht eine glänzende Figur in der Welt zu machen, versichert wäre. Dieses ist die grosse Ursache,

sache, daß ich sie noch nicht habe bewegen können, mich zu heirathen, ob sie mich gleich beständig versichert, daß sie mir bis in den Tod getreu bleiben wolle. In der Ungewißheit, daß mein Vater endlich zu unserer Ehe seine Einwilligung geben, und mich in den Stand setzen werde, sie nach ihrem Verlangen anständig zu unterhalten, hat sie sich vorgenommen, mich viel lieber nicht zu heirathen, als in wenig Jahren eine Mutter einer elenden Familie zu seyn. Meine Liebe ist hierüber gar nicht empfindlich, weil sie vielleicht größer ist als die ihrige: allein da ich sie nicht zwingen will, und ihr das Nothwendige auch nicht fehlen lassen kann, so befinde ich mich seit langer Zeit in der harten Nothwendigkeit, für sie mehr zu thun, als ich kann; und ich würde es gewiß nicht gekonnt haben, wenn Sie meine großmüthige Wohlthäterin, mich nicht so oft unterstützet hätten. Was ich von Ihnen bekommen habe, und was ich durch meine Arbeit in ihrem Hause verdiene, alles wird für diese Familie hingegeben; ja ich muß so gar sagen, daß man es, ohne die geringste Sparsamkeit anzuwenden, verschwendet, weil sich meine Schöne bey ihren Ausgaben von der Eitelkeit verblenden läßt, so wie ich mich durch meine Liebe verblenden lasse, ihre weiblichen Grillen durch überflüßige Ausgaben zu unterstützen. Ich thue alles gern: allein ich sehe, daß ich nicht mehr thun kann, ohne gegen Sie, Mamsell, unbescheiden zu seyn; und diese Unbescheidenheit ȧenheit würde mir zu sehr zur Schande gereichen, wenn sie nicht das Geständniß meines Herzens entschuldigte. Sehen Sie, Mamsell, dieses ist die Ursache meiner Seufzer, die ich bis hieher vor der ganzen Stadt so sorgfältig verborgen habe: und wer wollte auch nicht vor Angst seufzen, wenn er sich genöthiget sieht, Wohlthaten zu misbrauchen, die wie die Ihrigen sind.

Hier schwieg Don Maximus, und beschloß seine Erzählung mit einem Seufzer, so wie er sie mit einem Seufzer angefangen hatte: und da er mir bereits Zeit genung gelassen hatte, über seine Umstände nachzudenken, so gab er mir auch noch Gelegenheit, ihm durch meine Antwort einige Erleichterung zu verschaffen.

Sechster Abschnitt.

Antwort auf die vorige Erzählung, und mein Entschluß, meinen Freund mir durch meine Hülfe noch mehr verbindlich zu machen.

Unter dem Freunde und dem Pedanten ist allezeit der grosse Unterschied gewesen, daß der Pedant weder Zeit noch Ort kennet, und mit seinen Einsichten prahlet, um den Schuldigen zu erniedrigen: allein der Freund findet Zeit und Ort, das Vergehen zu entschuldigen, und begnügt sich, auf eine geschickte Art eine Besserung zu verschaffen. Des
Don

Don Maximus Aufführung war wirklich nicht die regelmäßigste; und niemand hatte mehr Recht, sie ihm zu verweisen, als ich, da er ohne meine Hülfe durchaus einem bessern Systeme hätte folgen müssen: allein es war ein junger Mensch, in der Hitze seiner Leidenschaft; und wenn ich ihm gerade hätte widersprechen wollen, so würde ich vielleicht den Freund verlohren haben, da ich ihn doch blos bessern, und ihn mir verbindlicher machen wollte. Der Weg also, den ich mit ihm nahm, nachdem ich ihn angehöret hatte, war der sicherste, ob er gleich etwas lang war. Sie würden mich ziemlich belustiget haben, sagte ich zu ihm, wenn Sie mich durch die Erzählung Ihrer Liebesgeschichte nicht zum Mitleiden beweget hätten. Ich bin weit entfernt zu glauben, daß Sie meine Geschenke gemisbrauchet, da Sie sie für eine Person, die Ihnen lieb ist, angewendet haben; ja ich wollte, daß ich Ihnen jetzt noch mehr geben könnte, damit Sie ihr noch besser beyzuspringen im Stande wären. Ich habe Mitleiden mit der Liebe, ob ich gleich, dem Himmel sey Dank, die Stärke derselben noch nicht erfahren habe. Ich beklage Ihr Alter, und die Tyranney eines barbarischen Vaters, weil die Barbarey des meinigen die Blüthe meiner Jahre ebenfalls auf eine zu harte Probe setzet. Dieses Mitleiden bestehet nicht blos in Worten, denn ich bin bereit, Ihnen alle die Hülfe zu leisten, welche Ihnen Ihr Schicksal weniger empfindlich machen kann. Da ich annehme, daß Sie eine Person von Verdiensten lieben, und daß sie sie als ein ehrlicher Mann lieben:

ben: so muß ich an Ihrer Liebe Antheil nehmen, und Ihnen, so viel mir möglich ist, alle Mittel erleichtern, sie glücklich zu sehen. Der Himmel gebe, daß meine Wünsche erhöret werden, und daß Ihnen meine Bemühungen nützlich seyn. Nehmen Sie unterdessen mit dreyhundert Livres für Ihre Liebste und Ihre zahlreiche Familie vorlieb, die ich Ihnen sogleich auszahlen will, so bald ich wieder in mein Zimmer komme. Gesetzt auch, daß ich durch dieses Geschenk verhindert werde, einige meinem Stande nothwendige Dinge anzuschaffen: so werde ich doch wenigstens das Vergnügen haben, ein Frauenzimmer zu befriedigen, das Sie liebt, und das alle Hoffnung auf Sie gesetzet hat. Ich wollte wünschen, daß ich Sie mit Ihrem Vater wieder aussöhnen, und überhaupt alles das thun könnte, was ich Ihnen nöthig zu seyn erachte, damit Sie durch die Verbindung mit Ihrer Liebsten völlig glücklich werden möchten. Dieses hängt nicht von mir ab, wenn Sie aber dächte, wie ich, so würde Sie ganz gewiß anders handeln. Die Last, welche Sie ihr zu Liebe tragen, übersteigt in Wahrheit ihre Kräfte: allein sie könnte sie Ihnen auch weniger beschwerlich machen, wenn sie Gutes und Böses mit Ihnen theilete, und Sie durch die Ehe versicherte, daß Sie nicht ohne Vortheil so viel für sie litten. Ich will zwar glauben, daß sie ihr Wort halten, und mit der Zeit Ihre Frau werden wird: allein wenn Sie nun Ihr Vater niemals zum Besitz seiner Erbschaft liesse, wie würde es alsdenn aussehen? Würde sich alsdenn nicht deutlich zu Tage legen, daß sie Ihr Glück mehr geliebet habe, als Ihre Person? Der Himmel behüte mich, daß ich durch diesen bittern Verdacht die angenehmen Empfindungen Ihrer Leidenschaften stören wolle; Mamsell Johanne muß Sie in der That lieben, weil Sie sie lieben, weil Sie Ihrer Liebe, Vater, Familie und Vaterland aufgeopfert haben, und weil Sie endlich mit Ihrer grossen Beschwerlichkeit einzig und allein von Ihnen ihren Unterhalt bekömmt. Allein wir wollen annehmen, sie wäre undankbar; ferner wollen wir annehmen, sie zöge eine gewisse gegenwärtige Glückseligkeit Ihrer ungewissen entfernten Hoffnung vor; und endlich wollen wir noch annehmen, daß sie Sie nicht zum Manne haben wollte, wenn Sie Ihr Vater nicht zum Erben einsetzte: würden Sie wohl in diesem Falle so viel Geld, so viel Bekümmerniß und so viel Arbeit für ein Frauenzimmer gut angewendet haben. — Ich rede als eine Freundin mit Ihnen, und werde für Sie so viel thun, als ich nur kann: allein ich wollte Sie auch gern der nur allzugewöhnlichen Gefahr einer späten und unnützen Reue entziehen. Wenn Sie alles dieses für eine Frau thäten, so wollte ich auch nicht einmal den Mund aufthun: allein so viel für eine Liebste zu thun, von der Sie noch nicht einmal versichert sind, ob sie Ihre Frau werden wird, darinne sehe ich zwar Ihre ganze Leidenschaft, aber nicht Ihre Klugheit. Es kann seyn, das Mamsell Johanne das Muster und der Spiegel der weiblichen Beständigkeit ist: haben Sie aber ihre Beständigkeit auch jemals auf

die

die Probe gesetzet? Thun Sie dieses, liebster Freund, thun Sie es, ehe Sie weiter gehen, und versichern Sie sich wenigstens, daß Sie nicht einer Undankbaren Wohlthaten erweisen. Nach meiner Art zu denken, würde mir ein Frauenzimmer verdächtig vorkommen, das da sagte, es liebte mich, und wollte mich doch nicht heirathen. Eine Liebste, die ihre Ausgaben nicht nach meinen Kräften abmäße, würde machen, daß ich an ihrer Liebe zweifelte; und ein ehrliches Mädchen, das seinen Putz nicht nach seinem Stande einrichten wollte, würde mich so gar an seiner Ehrlichkeit zweifeln lassen. Stellen Sie diese Betrachtungen mehr zu Ihrem Vortheile an, als aus Gefälligkeit gegen mich: übrigens lieben Sie Ihre Johanne, helfen Sie ihrer Familie, halten Sie Ihren Umgang geheim, und verlassen Sie Sich auf meine Verschwiegenheit und auf mein Versprechen, weil mir nichts mehr am Herzen liegt, als Ihr Wohlseyn, wovon Sie sogleich den Beweis sehen sollen, sobald Sie auf mein Zimmer kommen werden.

Ich gieng hierauf sogleich auf mein Zimmer los; er aber entschuldigte sich höflich, mir zu folgen, indem er sagte, daß ihn die Geschäfte meines Vaters anderswohin ruften, und daß wir einander den folgenden Tag wieder sehen wollten. So bald ich auf mein Zimmer kam, so war meine erste Beschäftigung, ihm das Geld parat zu legen, das ich ihm versprochen hatte, und welches alles war, was ich seit langer Zeit von meinem Monatsgelde gesammsammlet hatte. Ich machte mir gar nichts daraus, mich dieses Geldes zu berauben: allein den Misbrauch, den Don Maximus zu seinem Schaden davon machte, beunruhigte mich sehr. Ich kennete diese Person, die ihn so heftig verliebt gemacht hatte, im geringsten nicht: allein ihr Betragen gegen einen Liebhaber von diesem Character machte sie mir verdächtig. Ohne etwas anders als eine wahre Freundschaft gegen ihn zu hegen, that es mir leid, ihn in einem Netze zu sehen, wo er wahrscheinlicher Weise nichts anders zu erwarten hatte, als die Federn darinne zu lassen. Ich wünschte von Herzen, ihm in einer Sache Licht zu geben, die ihn nothwendig stürzen mußte. Ich dachte daher die ganze Nacht auf die bequemsten Mittel, ihm diesen Dorn aus dem Herzen zu ziehen, und ihn wieder auf den rechten Weg zu bringen, der ihn mit Ruhme in die Arme des Vaters zurückführete.

In der Einsamkeit, worinne es mir an allem äußerlichen Umgange fehlete, konnte ich mir nichts versprechen, als was mir meine eigenen Gedanken rathen würden. Ich studirete daher diese ganze Nacht, so viel ein Frauenzimmer studiren kann, daß meine Gründe den folgenden Tag in dem Herzen des Don Maximus ihre ganze Stärke haben, und nicht ohne Nutzen seyn möchten: allein die Leidenschaft ist ein Todenschlaf, woraus sich wenige durch Worte und Geschrey erwecken lassen, daher, so zu sagen, nichts als Stöße und Erschütterungen eine gute Wirkung thun. Ich glaube, daß alle meine

Rath-

Rathschläge in diesem Falle würden vergebens gewesen seyn, wenn sie nicht das Schicksal durch eine seiner seltsamsten Begebenheiten begünstiget hätte. Ich hatte den folgenden Morgen nicht Gelegenheit, mit meinem Freunde zu sprechen, weil er sehr beschäftiget war: allein ich sahe, daß er sich bey Tische in der größten Verwirrung und Bestürzung befand. Dieses war nicht der Ort, wo ich ihn viel fragen konnte: ich sagte daher blos scherzend zu ihm, ob ihn seine Schöne etwa scheel angesehen hätte, daß er so bestürzt wäre? Er antwortete hierauf mit einem andern Scherze, daß ihm alle Schönen eben so gleichgültig wären als ein einziger Heller, worauf von dieser Materie nicht weiter gesprochen wurde. Als meine Stiefmutter und mein Vater Nachmittage ausgegangen waren, so kam er zu mir in mein Zimmer; und indem ich ihn mit lachendem Gesichte empfieng, so überreichte ich ihm zugleich einen Beutel mit den dreyhundert Livres, die ich ihm den Abend vorher versprochen hatte. Ich muß gestehen, daß ich mich sehr wunderte, zugleich aber auch sehr zufrieden darüber war, als ich sahe, daß er die Hand zurückzog, und sagte: Behalten Sie das Geld, Mamsell, dieses habe ich nicht nöthig, wohl aber einen Trost und einen guten Rath. Bey diesen Worten fiel er in einen Stuhl, der neben mir stund, und ließ mir mit einem Strohme von Thränen auf seinem Gesichte die Zeugen der größten Traurigkeit sehen. Was hat das zu bedeuten, fragte ich ihn? Wie kann sich ein verständiger Mensch der Schwachheit überlassen,

laſſen, Thränen zu vergießen, ohne ſich zu ſchämen, und ſie nachgehends in den Augen eines Frauenzimmers lächerlich zu finden. Wenn Sie Troſt und Rath bey mir zu finden hoffen, ſo reden Sie frey, und laſſen Sie mich die Urſache Ihrer Klagen wiſſen. Ich will es thun, Mamſell, antwortete er mir, ich will Ihnen alles ſagen: laſſen Sie mich aber nur erſt beſinnen, und mich in den Stand ſetzen, mir ihre Güte zu Nutze zu machen. Ich bin ſo betäubt und verwirrt, daß ich nicht weis, was ich thue, und mir kaum ſelbſt glaube. Hier ſchwieg er ein wenig, hörete aber deswegen nicht auf, zu ſeufzen und zu weinen. Seine Thränen und ſeine Seufzer gefielen mir, ich muß es geſtehen, ob ſie mir gleich auch Mitleiden erregten. Eine gewiſſe innerliche Ahndung ſagte mir ſogleich, daß ich wahr geredet, und daß Don Maximus die Augen vielleicht geöfnet hätte, um ſeinen bevorſtehenden Untergang zu ſehen. Allein ich war nicht ſo grauſam, ihm eine Wunde wieder aufzureiſſen, welche noch blutete, wenn er mich ſie zu heilen nicht ſelbſt gebeten hätte.

Siebenter Abschnitt.

Unglücklicher Zufall, der dem Don Maximus selbige Nacht begegnet war. Seine Verzweiflung, und das Mittel, das ich, seine Quaal zu lindern, anwendete.

Nachdem Don Maximus einige Augenblicke geruhet hatte, so sagte er zu mir: liebste Mamsell, Sie hatten die Sache errathen und ich bin ganz in Verzweiflung. Da ich Sie gestern Abend verlassen hatte, so fieng ich an einige Briefe zu schreiben, die mir Ihr Vater aufgegeben hatte, und nachgehends gieng ich in der gewöhnlichen Nachtstunde in das Haus der Mamsell Johanne, um einen Besuch bey ihr abzustatten, da ich sie den ganzen Tag noch nicht gesehen hatte. Ach! wäre ich doch gestern Abend nicht hingegangen: ja hätte ich sie in meinem Leben nicht kennen lernen. Als ich an ihre Thür klopfte, so mußte ich wider die Gewohnheit lange warten, ehe die Thür aufgemacht wurde: und da ich die Treppe hinauf kam, so fand ich das Haus in einer solchen Unordnung, daß ich natürlicher Weise eine grosse Neuigkeit befürchten mußte. Das erste, was mir begegnete, war ihre alte Mutter: und diese machte, daß mir das Blut in den Adern erstarrete, als sie mir sagte, daß ich keinen Lärm machen sollte, weil ihre Tochter etwas eingeschlummert zu seyn schien, nachdem sie den ganzen Tag über die heftigsten Kopfschmerzen gehabt hätte. Ich gieng auf den Zehen in ihre Stube, wo ich sie halb todt auf dem Bette liegend fand;

fand; doch kam die Farbe ihres Gesichts nicht mit meiner Furcht und ihren unterbrochenen Klagen überein. Sie schlug ganz schmachtend die Augen auf, um zu sehen, wer hinein kam; worauf sie sie sogleich wieder zumachte, gleich als wenn sie mit einer zu schweren Last beschweret wären. Ich fragte sie, wie sie sich befände, und statt der Antwort drückte sie mir liebreich die Hand, und winkete mir, sie in Ruhe zu lassen, weil sie sehr schläfrig wäre. Ich fühlete ihr an den Puls, und fand nicht die geringste Spur eines Fiebers. Die Hitze ihres Gesichts überredete mich gar leicht, daß das ganze Uebel im Kopfe säße: ich empfahl sie daher der Sorgfalt ihrer Mutter, und drückte ihr einen Louisd'or in die Hand, um das Nöthige dafür anzuschaffen. Sie machte mir Hoffnung, daß ich sie, wenn sie die Nacht geschlafen hätte, den folgenden Morgen ganz gesund antreffen würde; und mit dieser schmeichelhaften Hoffnung riß ich mich mit Gewalt von ihr los, um sie schlafen zu lassen, und meine gewöhnliche Beschäftigung wieder vorzunehmen.

Das Gespräch, welches wir gestern Abend im Garten hielten, leistete mir auf meinem Rückwege Gesellschaft, so wie es mich im Hingehen begleitet hatte. Wenn es nun auch keinen allzugrossen Eindruck auf mich gemacht hatte, so war ich doch dadurch zu einigem Nachdenken gekommen. Da ich überlegte, daß Sie mir mistrauisch und vorsichtig zu seyn gerathen hatten, so darf man sich

nicht

nicht wundern, daß mir damals alles verdächtig vorkam. Und da ich, indem ich aus dem Hause gieng, im Finstern gewahr wurde, daß mich ein Mensch aufmerksam betrachtete, so fassete ich einen Argwohn wider ihn, ohne daß ich die Ursache eigentlich sagen konnte. Es kam mir vor, als wenn mich dieser Mensch erkannt hätte, und sich vor mir nicht wollte sehen lassen. Es kam mir daher die Lust an, ihn näher zu betrachten, um zu sehen, ob ich nicht entdecken könnte, aus was für Gründen er mich so beobachtete. Da er sich, als er mich sahe, in der Straße umgedrehet hatte, so kehrete ich ebenfalls wieder um, um ihm zu begegnen, und ihn ihm Gesichte zu sehen. Ich begegnete ihm, und erkannte ihn für den Bedienten eines gewissen englischen Schiffcapitains, Namens Prompil, der gegenwärtig mit zwey Schiffen in unserm Haven vor Anker liegt, und der verschiedene mal bey ihrem Vater gewesen war und von Handelsgeschäften mit ihm gesprochen hatte. Da wir einander also kenneten, so rechtfertigte dieses meine Neugierde und des Bedienten seine hinlänglich: allein die meinige wurde immer mehr vermehret, da ich ihn nach dem Hause der Mamsell Johanne zurückkehren sahe, gleich als wenn er eine Commission daselbst gehabt hätte, und nicht weit weggehen dürfte. Um nun aus diesem unvermutheten Argwohn zu kommen, so verließ ich ihn so gleich, gieng aber von neuem auf eben die Straße durch ein enges und dunkles Gäßgen, welches der Thür meiner Schöne gegen über war, und wo ich

alles

alles sehen konnte, was daselbst ein und ausgieng, ohne daß mich jemand sehen konnte. Des Capitain Prompil Bedienter gieng bis nach Mitternacht in dieser Straße hin und her, und ich blieb immer stehen, um zu sehen, was endlich daraus werden würde.

Entsetzen Sie sich jetzt, Mamsell, über die menschliche Treulosigkeit, und erstaunen Sie, daß ich noch lebe, nachdem ich in dieser Nacht den Tod von Angesicht zu Angesicht gesehen habe. Man machte endlich die Thür dieses meiner Ehre so nachtheiligen Hauses ganz leise auf; der Capitain Prompil, den ich sehr genau kenne, kam verstohlner Weise heraus, sagte zu seinem Bedienten heimlich etwas, und entfernte sich mit ihm aus meinem Gesichte, weil mich die Bestürzung und Verwirrung so unbeweglich und unempfindlich als eine Statue gemacht hatte. Als ich aus dieser kurzen Betäubung erwachte, so wurde ich von der Wuth meiner verrathenden Liebe angetrieben, Prombiln nachzulaufen, und ihm das Leben zu rauben: allein ich wußte nicht, welchen Weg er genommen hatte. Ich kehrte also um, und wollte die Thür dieser treulosen Weibsperson einschlagen, und mich als ein Verzweifelter wegen ihrer Treulosigkeit rächen: allein die kluge Furcht, die Nachbarschaft in Bewegung zu setzen, und meine Schande zu offenbaren, lähmete meine Arme, machte das Blut in meinen Adern zu Eise, und ließ mir nur so viel Kraft, als nöthig war, wieder nach Hause zu gehen, und mich

da-

daselbst in einen Abgrund von traurigen Gedanken zu stürzen. Welche Nacht! liebste Mamsell, und welcher Tag! der vielleicht noch schlimmer ist als die Nacht. Ich weis nicht, was ich sage; ich weis nicht mit wem ich rede; ich weis nicht, wo ich bin: das weis ich aber, daß ich eine Undankbare geliebet, und daß ich wegen einer Unwürdigen meinen Vater verlohren habe. Ich weis, daß die grosse Hülfe, die ich ihr seit so vielen Jahren zu meinem größten Schaden geleistet habe, mit der schändlichsten, niederträchtigsten und grausamsten Treulosigkeit belohnet worden, die vielleicht nicht die erste ist, weil kein Frauenzimmer das erstemal bis zur Ausschweifung geht.

Hier entfiel ihm die Sprache, und ich glaubte, daß er durch die Heftigkeit seines Schmerzes auch das Leben verlieren würde. Ich brachte alle möglichen Gründe vor, um ihn wieder zu sich selbst zu bringen: und da ich mich auch diesesmal seiner Leidenschaft nicht widersetzen wollte, so sagte ich, um ihn desto eher zu besänftigen, daß er sich vielleicht geirret hätte; daß die Eifersucht, die vorzüglich in den Italiänern herrsche, die Klügsten bisweilen hintergienge, und daß endlich, wenn er auch recht gesehen hätte, Mamsell Johanne meiner Meynung nach entschuldiget werden könnte. Wer weis, fuhr ich fort, ob sie nicht einen geheimen Bewegungsgrund gehabt hat, sich mit dem Capitain Prompil zu unterreden, ohne daß die Liebe den geringsten Antheil daran gehabt hat. Wer weis,

weis, ist dieser Besuch nicht entweder gezwungen, oder zufällig gewesen, und hat sie sich nicht blos unpaß gestellet, um ihn desto eher zu entfernen. Sie kann es in der lobenswürdigen Absicht gethan haben, ihrem eifersüchtigen Liebhaber die Zusammenkunft mit einer Person zu ersparen, die er für einen Nebenbuhler halten, und ihn folglich auf eine gefährliche Probe setzen konnte.

Ich war zwar von diesen Entschuldigungen selbst nicht überzeugt: allein es war mir daran gelegen, sie ihn gegründet finden zu lassen, bis sich die Hitze seiner Leidenschaft in ihm legte, und bis er meiner heilsamen Rathschläge fähig würde. Als ich ihn in diesem Zustande sahe, so änderte ich die Sprache. Ich zeigte ihm, daß er, an stott sich über den Zufall in der vorigen Nacht zu beklagen, Ursache hätte, sich zu trösten, und seinem guten Glücke dafür zu danken. War es vielleicht nicht besser für ihn, einmal aus dem Irrthume gerissen zu werden, als zu seinem Unglücke beständig elender darinne zu leben? Warum sollte man ein Frauenzimmer lieben, wenn man nicht weis, ob man wieder geliebet wird? Warum sollte man seinen Schweis für eine Frau hingeben, um blos ihre Ueppigkeit zu unterhalten, und sich eine lange Reue dafür zu erkaufen. Liebster Freund, sagte ich zu ihm, Sie sind nunmehro von der Last einer Familie befreyet, die ihren ganzen Gewinnst wegnahm, und sie überdieses in eine offenbare Gefahr setzte, ihre väterliche Erbschaft ganz zu verlieren. Sie sind sie ohne

ihre

ihre Schuld los geworden, und ohne daß man sie veränderlich oder undankbar nennen kann. Mamsell Johanne verdienet von ihnen einen jährlichen Gehalt, weil sie ihnen den Verdruß erſparet, ihr und ihrer Eitelkeit ihr ganzes Glück aufzuopfern. Ich würde ihr dieſe dreyhundert Livers, die ich ihnen bestimmt habe, zur Belohnung überschicken: ich würde ſie aber zugleich in einem ganz kurzen Billette bitten, daß ſie ſie verſchonen möchte, ferner Beſuche von ihnen zu verlangen, weil des Capitain Prombils Börſe, welche ihr ihre Reizungen und ihr gutes Glück geöfnet hätte, ihren Verluſt reichlich erſetzen könnte. Thun Sie dieſes, liebſter Freund, denn ein ehrlicher Mann kann ſich an einem treuloſen Frauenzimmer nicht beſſer rächen. Thun ſie es, wenn ich bey ihnen etwas vermag, und zerreiſſen ſie auf einmal die ſchändliche Kette, welche ſie zu ihrem großen Schaden bey einer Leichtſinnigen in der Knechtſchaft hält. Prombil frohlocke nicht über ihre Schande! und wenn er ſieht, daß ſie durch ſeine verſtohlnen Beſuche beleidiget worden, ſo mag er ſie auch gerächet ſehen. Laſſen ſie ſich nicht von einem Frauenzimmer beſiegen, ſondern zeigen ſie ihr, daß ſie ſie verachten, da ſie vielleicht angebetet zu ſeyn glaubte; und daß ſie ſo unempfindlich gegen ſie ſind, daß ſie ihr noch Wohlthaten erweiſen, da ſie ſie vielleicht in Verzweiflung zu ſeyn glaubte. Verlaſſen Sie ſie, weil ſie Sie zu verlaſſen gedenket, und bekümmern Sie ſich nicht darum, daß ſie vielleicht beyde Liebhaber verlieret, da ſie ihre Eitelkeit auf beyder Koſten

durch

durch ihre listigen Kunstgriffe zu unterhalten sich schmeichelte. Bey mir würden sie durch ein solches Betragen sehr viel gewinnen, und bey der Welt werden sie nichts verlieren, weil ihre Schande niemand von mir erfahren soll: und wenn es ja durch jemand anders bekannt werden sollte, so zeigen sie zugleich, daß sie es bereuet und sich gebessert haben. Es war nicht nöthig, daß ich in diesem Tone fortredete, weil Don Maximus, ohne mir zu antworten, die Feder ergriff, geschwind ein Billet schrieb, und es nebst hundert Livres Mamsell Johannen überschickte. Das Billet war folgendermaßen abgefaßt:

Mamsell,

Dieses ist das letzte, was Sie von einem erhalten, der alles für Sie gethan hat, und den Sie blos mit Treulosigkeit belohnet haben. Der Capitain Prombil mag inskünftige meine Stelle vertreten: erinnern Sie sich aber, daß ich nicht eher aufgehöret habe, Sie zu lieben, als da Sie aufhörten ehrlich zu seyn. Und wenn ich eher davon überzeugt worden wäre, so würden Sie mich auch eher gegen Ihre Schmeicheleyen unempfindlich gefunden haben. Leben Sie wohl, und zwar auf ewig.

Don Maximus.

Achter

Achter Abschnitt.

Wirkungen, welche meine Worte in dem Gemüthe des Don Maximus thaten. Unsere Unterredungen und traurige Folgen unserer Freundschaft.

Ich will nicht sagen, was die angeführten wenigen Zeilen bey der Mamsell Johanne für Wirkungen thaten; weil sie Don Maximus niemals mehr besuchte, und weil ich ihn beständig abhielt, sich nach ihr zu erkundigen. Die ersten Tage dieser Grämung waren ihm äusserst empfindlich: allein sein Schmerz ließ mit der Zeit nach; und da die Vernunft ihre gewöhnlichen Dienste wieder zu thun anfieng, so handelte er in kurzem auch wieder als ein kluger Mensch. Wenn er jemals mit Prombil bescheiden und gefällig umgegangen war, so that er es das erstemal, da er mit ihm zu sprechen Gelegenheit hatte, ohne ihn im geringsten merken zu lassen, daß er nicht mit ihm zufrieden wäre. Dieses war meinem Rathe nach die schönste Rache, die er zu seiner Beschämung ausüben konnte. Er übte sie auch wirklich so aus, und befand sich sehr wohl dabey. Da er nicht mehr das Joch am Halse hatte, so fieng er nach und nach an, die Annehmlichkeit seiner Freyheit zu schmecken: und da er sich von einer Ausgabe befreyet sah, die über seine Einkünfte gieng, so erndete er auch gar bald einige Früchte von seiner Arbeit ein. Der Sieg war eine Anstrengung seiner Tugend gewesen: allein er schrieb das Verdienst davon größtentheils meinen Rathschlägen zu. Der Beystand eines wahren Freundes ist bey dergleichen Vorfällen in der That mehr werth, als alle Maximen der gründlichen Philosophie zusammen.

Da der heftige Streit seines Herzens mit seinem Verstande immer noch währete, so durfte er in der That nicht aus dem Gesichte gelassen werden, damit er sich bey müßigen Stunden seinen traurigen Gedanken nicht überließ. Wenn ich ihm jemals hatte merken lassen, daß mir seine Besuche angenehm waren, so geschah es damals, und ich bediente mich aller möglichen Mittel, sie ohne seine Beschwerlichkeit häufiger und länger zu machen. Wir brachten beynahe alle die Zeit mit einander zu, welche ihm von den Geschäften meines Vaters übrig blieb. Aus dem Hause zu gehen, war ihm zum Eckel geworden, und es konnte ihn nichts dazu bewegen als seine Geschäfte. Durch die fleißigen Besuche, die er bey mir ablegte, wollte er mir einen Beweis seiner Dankbarkeit, und seiner beständigen Gesinnungen geben. So lange er so handelte, war ich versichert, daß er nicht wieder in das Netz zurückfiel, woraus ich ihn mit so vieler Mühe gewickelt hatte: auf der andern Seite aber war ich nicht sicher, ob ihm meine Gesellschaft nicht beschwerlich werden würde. Die Jugend verlangt ganz andere Liebkosungen, um sich fesseln zu lassen, als eine wahre Freundschaft. Don Maximus konnte in meinem Gesichte nicht die Reizungen finden, welche ihm den Verlust einer Liebste weniger empfindlich machten, ob sie gleich treulos und verrätherisch an ihm gehandelt hatte. Gemeiniglich wird auch bey verliebten Gemüthern ein Nagel mit dem andern ausgezogen: allein die Wunde, welche ein schönes Gesicht darinne gemacht hat, kann gemeiniglich nicht anders, als durch ein schöneres oder wenigstens gleich anbethenswürdiges geheilet werden. Das Meinige hatte diese Vortheile nicht, und wenn ich einige Gewalt über des Don Maximus Herz hatte, so muste ich es blos meinem Verstande zuschreiben. Ich will auch glauben, daß er mir blos aus Dankbarkeit geneigt war. Die Wohlthat, die ich ihm dadurch erwiesen, daß ich ihn von seiner Liebe geheilet hatte, war bey seinen Umständen würklich nicht klein Mein Umgang hatte alle die Reizungen, die von der Cultur eines Verstandes herkommen können, der über die gewöhnlichen Schwachheiten unsers Geschlechts weit weg ist. Da ich durch meine beständige Lektüre, und durch eine kluge Erziehung mit guten Maximen wohl versehen war, so fehlete es mir bey jedem Gegenstande weder an Gedanken, noch an Worten, ohne daß ich beständig von Moden, Kleidern, Galanterien, Liebhabern, von den Bedienten, und von Kindern zu reden brauchte, wie diejenigen gemeiniglich zu thun pflegen, die sich selbst für kluge und verständige Frauenzimmer ausgeben. Es sey mir erlaubt, zu sagen, daß ich beständig von allem sprach: aus allem aber auch vornehmlich die Grundsätze herauszuziehen suchte, welche besonders nöthig und nützlich sind, in Gesellschaft eine gute Figur zu machen. Gleichwie die

Flüsse

Flüsse dem Meere das Wasser geben, es aber auch hinwiederum von ihm durch die beständigen Ausdünstungen erhalten, welche die Wolken an sich ziehen, um sie nachgehends in einem Regen wieder herabfallen zu lassen: eben so gegenseitig war auch der Nutzen den ich aus der Gesellschaft des Don Maximus zog, indem ich mich beständig bemühete, daß die meinige nicht unfruchtbar für ihm war. Zwo von der Natur wohlgebildete und von der Kunst wohl cultivirte Seelen haben unerschöpfliche Quellen, wechselsweise etwas von einander zu lernen, ohne daß sie einander beschwerlich werden. Mein Umgang mit dem Don Maximus war eine beständige Schule, worinne unser Geist geläutert wurde, und sich gegen die Begebenheiten zu verwahren suchte, welche einem dem andern zu Gefallen begegnen sollten, ohne den Ursprung oder die Folgen davon damals voraus zu sehen.

Die Leidenschaften fangen gemeiniglich an, wie die Pflanzen. Erstlich sind sie ein bloßes Gras, nachgehends ein zartes Reis, und endlich werden sie zu einem harten Holze, wobey man die Art gebrauchen muß. Ich bin völlig überzeugt, daß Don Maximus anfänglich nichts anders als Dankbarkeit gegen mich hegete. Diese verwandelte sich in eine genaue Freundschaft; und die Freundschaft wurde endlich eine wahre Liebe, ohne daß ich es gewahr wurde, weil er es nicht sagte; und er sagte es nicht, weil er es selbst nicht gewahr wurde.

Von

Von mir will ich nicht Rechenschaft geben, weil ich damals nicht genau genug auf mich Achtung gegeben habe, um von der innern Beschaffenheit meines Gemüths urtheilen zu können.

Unter allen andern zu einer guten Lebensart nöthigen Grundsätzen hatte ich besonders diejenigen wohl zu fassen gesucht, welche der Leidenschaft der Liebe zur Regel dienen. Da ich fest entschlossen war, zu meiner Quaal nicht zu lieben: so hatte ich mir vorgenommen, blos alsdenn erst zu lieben, wenn ich mich würklich geliebet sähe, und von meiner Liebe die Glückseligkeit meines Lebens hoffen könnte. Bey diesem Grundsatze war es ziemlich schwer, den Don Maximus zu lieben, da ich von ihm geliebet zu werden anfieng: ja es ist wahrscheinlich, daß ich ihn niemals würde geliebet haben, wenn er mirs damals gesaget hätte. Ich will also dasjenige vor wahr annehmen, was ich bereits gesagt habe, daß er mich liebte, ohne etwas zu sagen, und daß er nichts davon sagte, weil er mich liebte, ohne es zu wissen. Dieses ist die Ursache, daß unsere Freundschaft täglich ohne alle Absicht zunahm; und diese vertraute Freyheit, beständig nach unserm Gefallen mit einander umzugehen, erregte nachgehends den Verdacht, woraus alle meine seltsamen Begebenheiten entstunden.

Die Französin in Italien.

Meine Stiefmutter, die mich aus den oben angeführten Gründen nicht bey sich haben wollte, hatte ein Vergnügen darüber, daß sie mich von allem Umgange der Welt getrennet hatte: als sie aber gewahr wurde, daß ich meine Einsamkeit so willig ertrug, so fieng sie an, meine Ruhe zu beneiden, und alle Mittel, sie zu stören, anzuwenden. Es war dieser grausamen Frau noch nicht genug, daß ich sie mit meinem so großen Schaden befriedigte: sie wollte auch noch, daß ich in meiner Einsamkeit beständig mißvergnügt seyn sollte. Da sie sahe, daß ich bey meinem traurigen Schicksale so gelassen war, so fieng sie an, die Ursache davon aufzusuchen. Sie richtete ihre Augen auf die gute Harmonie, die zwischen mir und dem Don Maximus herrschete, untersuchte die Ursachen davon, gab auf seine Besuche Achtung, urtheilete nach ihrer Art davon, und ließ sich endlich verleiten, mich bey meinem Vater um meinen guten Namen, und um alle meine künftige Hoffnung zu bringen.

Nachdem sich Don Maximus von der unwürdigen Last der Mamsell Johanne befreyet hatte, so war er auf mein Anrathen darauf bedacht, sich bey seinem Vater wieder in Gunst zu setzen, und wieder in sein Vaterland zurückzukehren, ob er gleich versicherte, daß ihm seine Rückreise nach Italien meinetwegen sehr nahe gehen würde. Er ge-

stund

stund daher meinem Vater sein Herkommen und seine Umstände, und verschwieg blos dasjenige, was zu seiner Schande gereichen konnte, ohne jedoch deswegen der Wahrheit der Geschichte zu nahe zu treten. Meinem Vater war dieses Geständniß angenehm, und er nahm es auf sich, nach Neapel zu schreiben, damit die Sache mit aller möglichen Geschicklichkeit möchte ausgeführet werden: allein ich weis nicht, wie sein Gemüth von seiner boshaften Gattin so vergiftet worden war, daß diese Unterhandlung widrige und höchst schlimme Wirkungen hervorbrachte. Ich muß meine Begebenheiten schreiben, wie sie sich zugetragen haben, und wenn ich auch die Neugierde des Lesers aufhalten sollte. Des Don Maximus Sachen waren dem Ansehen nach im besten Zustand. Meine Sachen stunden noch auf dem vorigen Fusse, und seine Gesellschaft machte mir meine Einsamkeit weniger beschwerlich, ja sogar angenehm, als mir meine Stiefmutter eines Tages gegen Abend sagen ließ, daß ich in ihr Zimmer kommen sollte, weil Leute da wären, die mich zu sehen verlangten. Dieses wunderte mich, weil ich dergleichen Höflichkeitsbezeugungen von ihr gar nicht gewohnt war; doch besorgte ich nichts Böses, weil mir einfiel, daß vielleicht irgend ein Verwandter von meiner rechten Mutter mich zu sprechen verlangte. Ich gieng, wohin man mich gerufen hatte; und ich gieng so ungeputzt, wie ich in meinem einsamen Zimmer zu gehen

gehen gewohnt war. Ich wurde daselbst mit dem gewöhnlichen Verweise aufgenommen, daß ich aus Faulheit nichts auf mich hielte, und daß ich mir durch meine Nachläßigkeit selbst schadete. Diesen Ton war ich so gewohnt, daß er mir kaum die Ohrea berührte, geschweige denn, daß er mich hätte aufbringen sollen. Ich antwortete, wie gewöhnlich, darauf, daß ich weder unreinlich noch zerrissen gienge, und allen andern Putz unsers Geschlechts mit Fleis vernachläßigte, weil ich nicht glaubte, daß ich dadurch schöner werden würde. Die Antwort, die in körnigten dabey aber bescheidenen Worten abgefasset war, erhielt den Beyfall der Anwesenden, und dieses war genug, meine Stiefmutter unzufrieden zu machen.

Unter allen denen, die zugegen waren, sah ich niemanden, der mir angehörete, und ich konnte nicht begreifen, wer mich eigentlich zu sehen verlangt hatte. Drey oder vier süße Herren, die leichter und flüchtiger waren, als die weißen Federn, die sie auf dem Huthe hatten, machten meiner Mutter täglich die Aufwartung und diese bekümmerten sich wenig um mich, um ihre Gerichtsbarkeit nicht zu verletzen, worinne sie alleine herrschen wollte. Unter andern befand sich auch ein Alter daselbst, der durch sein Petitmaiterkleid ein kindisches Ansehen hatte. Dieser fieng an, mit mir galant zu thun: er that es aber auf eine so ungeschickte Art, daß ich ihn gar nicht anhörete, sondern über seine

Gesichts-

Gesichtsbildung und Figur bey mir selbst lachete. Ein alter Affe, als ein Mensch gekleidet, und ganz mit Silber verbrämt, würde noch eher auszustehen gewesen seyn, als er: denn wenn er nicht geredet hätte, so würde man wenigstens nicht gesehen haben, daß ihm die erste Zierde seiner Schönheit, die Zähne, fehleten. Ich will schon sagen, wer er war doch muß ich ihn erst besser beschreiben, damit ihn der Leser seiner Neugierde würdig finde.

Neunter Abschnitt.

Portrait und Charakter des Herrn von Minerbe. Gelegenheit, ihn kennen zu lernen, und Absichten, welche meine Stiefmutter dabey hatte.

Wer das Portrait dieses Gegenstandes machen wollte, der müste ein Skelet oder sonst eine alte Statue von wenigstens siebzig Jahren, nach dem neuesten Geschmacke, und nach der letzten französischen Mode gekleidet zum Muster vor sich nehmen. Seine Statur hatte wenig Menschliches, denn er war so gerade wie eine Stange. Seine Gesichtsfarbe fiel mehr ins Saffrangelbe, als ins Rothe. Runzeln hatte er so viel, daß sein Gesicht einem gepflügten Acker ähnlich sah. Er hatte ein paar Augen, die beständig thräneten. Auf dem Rücken hatte er ein Vorgebirge, das mit einer grossen Knotenperuque bedeckt war, welche ihn ihm die Gestalt eines Mehlsaks gab, der eben aus der Mühle kömmt. Die Füsse waren lang, und überall von gleicher Stärke. Eben so waren auch die Arme, welche beständig beschäftiget waren, die Kleidung zurechte zu ziehen. Kurz, es war eine wahre Carricatur, welche ein Inbegriff von Höflichkeit, Jugend und Schönheit zu seyn glaubte; und die mir immer mehr Eckel verursachte, je mehr sie zärtlich zu scheinen sich bemühete. Da ich sahe, daß er sich blos mit mir beschäftigte, so urtheilte ich sogleich, daß man mich einzig und allein seinetwegen dahin berufen hatte. Dieses war auch wirklich so: aber niemand sagte mir, wer er war. Es war mir wenig daran gelegen, es von den Anwesenden zu erfahren, und ihn selbst mochte ich auch nicht fragen, obgleich seine Zunge in einer beständigen Bewegung war, und mir allerhand Dinge vorschwatzte, um mir von seiner Person, von seinem Charakter, und von seinem Vermögen einen vortheilhaften Begriff beyzubringen.

Ich war in meinen Antworten gegen ihn eben nicht unhöflich: allein, ich glaube auch nicht, daß er sie allzuangenehm fand. Er war der erste, und ich muß es sagen, auch der einzige, der mich schön fand, und die Thorheit begieng, mirs zu sagen, da ich einem Spiegel gegen über stund, worinne ich mich ganz wohl besehen konnte. Die Liebkosungen stehen in einem Munde ohne Zähne sehr übel; und gleichwol verspricht sich das baufälligste Alter viel von diesen Schwachheiten. Unsere Gesellschaft dauerte lange genug, um mich verdrüßlich zu machen: endlich aber endigte sie sich, ohne daß ich eigentlich wuste, was darzu Gelegenheit gegeben hatte. Als sie auseinander gegangen war, so fragte ich den Don Maximus, der mir eben entgegen kam, wer der alte Ganymed wäre, den er itzt die Treppe hätte hinuntergehen sehen. Er sagte mir, daß es der Herr von Minerbe wäre, und daß er ihn kennete; behielt sich aber auf ein andermal vor, mir nähere Nachricht von ihm zu geben.

Nachdem wir in den Garten gegangen waren, um das Abendessen zu erwarten, so fiengen wir unser unterbrochenes Gespräch wieder an, und ich erfuhr, daß der Herr von Minerbe ein sehr reicher Finanzier wäre, der bereits drey Weiber begraben hätte, ohne ein einziges Kind mit ihnen zu zeugen, das einmal der Erbe eines grossen Vermögens seyn könnte; und daß man sagte, er wolle auch noch die vierte nehmen, wenn er sie fände, um nach seinem Tode sein Ebenbild zurückzulassen. Es scheint ein Unglück zu seyn, daß alle just die Sachen am eifrigsten zu wünschen pflegen, worzu sie gar nicht fähig sind. Der Schuhflicker will in die Wissenschaften pfuschen, und der Gelehrte will Schuhe erfinden, die nicht so leicht zerreißen sollen. Die ganze Stadt Lion war überzeugt, daß
der

der Herr von Minerbe zur Ehe gar nicht geschickt war, und führete die Beweise dazu an: er aber hatte nichts als Heirathen im Kopfe, und machte sich lächerlich, weil er den Leuten weiß machen wollte, daß er noch eine Frau zu nehmen, und sie zu befriedigen im Stande wäre.

Bey dieser Nachricht sagte ich lachend: Es wäre doch lächerlich, wenn mich dieser Mann in dieser Absicht zu sehen verlanget hätte, und wenn meine Stiefmutter willens gewesen wäre, mir ihn zum Manne zu geben. Das sollte ich fast nicht glauben, versetzte Don Maximus darauf: wenn es aber wahr wäre, so müßten Sie Geduld haben. Geduld nicht, antwortete ich, aber wohl Muth und Entschlossenheit. Unter allen andern menschlichen Unglücksfällen, wider welche ich meinen Geist mit sehr guten Maximen zu waffnen gesuchet habe, würde dieses der einzige seyn, worinne es meiner Meinung nach einem Frauenzimmer unbedachtsam und hartnäckig zu handeln erlaubt ist. Ein Schritt, der die Glückseligkeit unsers ganzen Lebens entscheidet, muß niemals gezwungener Weise geschehen, und wenn man auch auf der andern Seite in einen Abgrund fallen sollte. Wenn ich herumirre, so kann ich wohl noch irgendwo einen Zufluchtsort finden; erzürne ich einen Vater, so kann ich ihn wieder besänftigen; gerathe ich in Armuth, so kann ich entweder durch mein gutes Glück oder durch meine Arbeit wieder reich werden: nehme ich aber wider meinen Willen einen Mann, so kann mich nichts anders retten, als der Tod. Also, fieng Don Maximus wieder an, würden Sie Sich eben so wenig Bedenken machen, aus Ihres Vaters Hause zu entfliehen, um Sich einem beschwerlichen Manne zu entziehen, als ich mir machte, um einer angenehmen Liebste nachzulaufen. Und warum nicht, antwortete ich ihm, da zwischen uns allezeit der große Unterschied wäre, daß meine Flucht eine Tugend seyn würde, da die ihrige nichts anders als ein Verbrechen war. Ein wirkliches und gegenwärtiges Uebel ist ganz was anders, als die Beraubung eines noch entfernten Gutes. Sie konnten ohne Mamsell Johannen in der Welt glücklich seyn, wenn Sie sie nur aus Ihrem verliebten Herzen hätten verbannen können: ich aber würde mit dem Herrn von Minerbe Zeit Lebens unglücklich seyn; weil es nicht hinreichend seyn würde, ihn aus meinem Gemüthe zu verbannen, da ich ihn beständig um mich haben müste. Ich glaube nicht, daß es jemals dahin kommen wird, denn mein Vater hat den Verstand nicht verloren, ob er gleich eine Närrin geheirathet hat: allein gesetzt, es geschähe, so bin ich willens, eher das Aeußerste zu thun, als meine Ruhe dem Willen eines andern aufzuopfern. Ich verstehe Sie, Mamsell, versetzte mein Freund darauf, weiter aber wurde von dieser Sache damals nicht gesprochen.

Ich werde niemals sagen, daß sich diejenigen irren, welche in unserm Gemüthe Empfindungen annehmen, die ihnen das Künftige vorher sagen,

weil

weil ich sie bey mir selbst mehr als einmal wahrgenommen habe. Das aber will ich sagen, welches jedermann zugiebt, daß es nicht so leicht sey, die Ursache davon zu bestimmen, und daß man besser thue, solche blos der Verbindung des Zufalls zuzuschreiben, als zu viel auf den Einfluß des Himmels zu rechnen. Dem sey nun wie ihm wolle, so glaubte ich würklich keine Prophetin zu seyn: doch empfand ich bey mir mit Vergnügen, daß ich seit langer Zeit allen unglücklichen Ahndungen Gehör zu geben bereit war. Wer hätte sich jemals vorstellen sollen, daß mich meine Stiefmutter aus Haß verheirathen wollte, um mich dadurch unglücklich zu machen. Hätte mich auch die Natur mit den äusserlichen Reizungen nicht hinlänglich versehen, welche die Liebhaber haufenweise herbeyziehen: so hatte mich doch das Glück mit den Hülfsmitteln reichlich versorget, welche auch den häßlichsten Frauenzimmern eine Versorgung und einen Mann verschaffen. Da mich meine verstorbene Mutter zur Erbin ihres ganzen Heirathsguts eingesetzet, so hatte sie mich in den Stand gesetzet, daß ich in eine der ansehnlichsten Familien zu kommen Anspruch machen konnte. Wem konnte es jemals anders in Sinn kommen, mir dieses Vermögen zu entziehen, als einer ungerechten Stiefmutter, welche meine Freyheit verkaufen wollte, um das Erbguth ihrer Kinder auf eine unerlaubte Art zu vermehren. Dieses war wirklich so, ohne daß ich das geringste davon wuste. Da sie die Schwachheit des Herrn von Minerbe erfahren hatte,

hatte, so kam sie sogleich auf die Gedanken, sich derselben zu meinem offenbaren Untergange zu bedienen. Denn da er in diesem Alter ein so grosses Verlangen trug, zum viertenmale Hochzeit zu machen, so hatte er nicht die geringste Abneigung, die Braut um schweres Geld zu kaufen, wenn er nur jemanden fände, der sie ihm ohne Schwierigkeit und ohne Bedenken verkaufen wollte. Da er also auf mich gefallen war, was würde es ihm gekostet haben, mir ein Gegenvermächtnis zu geben, das meinem mütterlichen Vermögen gleich war, und dieses zum Besten meiner andern Brüder, die doch nicht das geringste Recht dazu hatten, in meinem Hause zu lassen. Meine Stiefmutter hatte sich diese Sache in der That so ausgedacht, und der Herr von Minerbe nahm den Vorschlag mit offenen Armen an, und wartete blos auf Gelegenheit, mich zu sehen, und meine Einwilligung zu erhalten. Den ersten Wunsch sah er selbigen Abend erfüllet, und ich konnte mich so gar seines Beyfalls schmeicheln, weil man in diesen Jahren alles schön findet, was nur einem Frauenzimmer ähnlich sieht. Was aber nachgehends meine Einwilligung anbelanget, so ließ er sich diesen Abend nicht das geringste davon merken, weil es ihm entweder an Muthe fehlete, oder weil er diesen Schritt vor überflüßig hielt, indem er sich vielleicht einbildete, daß von dem Willen meiner Frau Stiefmutter der meinige nothwendig abhängen müste.

Um

Um die Wahrheit zu sagen, so mochte sie wol fähig seyn, vor sich alleine etwas zu versprechen, da sie wußte, daß ihr mein Vater in allem blindlings folgete. Meine vorige Biegsamkeit gegen ihre Thorheiten machte sie vielleicht verwegener, als sie seyn sollte, weil sie die Wirkungen der gedultigsten Tugend einer thörichten Nachläßigkeit zuschrieb. Wer weis, ob sie nicht bey sich dachte, daß ich, so wie viele andere, auch den geringsten Kerl mit Vergnügen heirathen würde, um mich dem Zwange anderer, und dem harten Bezeigen, womit man mir in meinem Hause begegnete, zu entziehen. Wer weis, um noch mehr zu sagen, ob sie mir nicht blos deswegen so übel begegnete, und schon seit langer Zeit arbeitete, mir meine Familie verhaßt zu machen, damit ich eine jede Parthey, die sie mir vorzuschlagen belieben würde, blos aus Ungeduld, meinen Stand zu verändern, willig annehmen möchte. Niemand konnte mich dieser ihrer geheimen Absichten gewiß versichern: da sie aber die Maske aufhub, so würde ich in der That thöricht gewesen seyn, wenn ich sie nicht hätte einsehen sollen. Ein jedes Gewebe, und wenn es auch noch so verwickelt ist, läßt sich nach und nach leicht auflösen, wenn man den Hauptfaden gefunden hat. Man kömmt aus einem jeden Labyrinthe heraus, wenn man auf einer Anhöhe in der Mitten alle Straßen desselben entdecket. Nachdem die Mine gesprungen war, so konnte ich leicht errathen, was für eine Hand das Feuer angeleget hatte, und was die eigentliche Absicht dabey gewesen war. Alles

war

war zuvor auf meiner Seite blos Furcht und Verdacht gewesen, oder besser zu sagen, bloße Gedanken einer scharfsinnigen Vorhersehung, womit ich mich täglich beschäftigte, damit mich die menschlicher Zufälle niemals ohne Mittel finden möchten. Wie oft habe ich nicht bey gewissen unvermutheten Unglücksfällen meinen Verstand loben hören, als wenn er gleichsam vom Himmel ausgerüstet wäre, den schwersten Fällen durch eine besondere Geschwindigkeit abzuhelfen. Diese Geschwindigkeit, welche ganz unerwartet zu seyn schien, war öfters die Frucht vieler unter beständigem Nachdenken durchwachter Nächte. In meinen müssigen Stunden dachte ich beständig zum Zeitvertreibe und zu meinem Vortheile nach, was ich thun, und was ich zu meiner Rettung für ein Mittel ergreifen würde, wenn ich mich in diesen oder jenen unglücklichen Umständen befände. Wenn man über einerley Sache oft und viel nachdenkt, so findet man endlich das Beste: und da dieses gemeiniglich bey der Probe gelingt, so erwirbt es uns gar bald den Ruf der feinsten Klugheit.

Zehnter Abschnitt.

Vorschlag, den mir mein Vater that, und meine entschlossene Antwort, die man für den Ursprung aller meiner Begebenheiten halten kann.

Kaum hatte mich Don Maximus verlassen, so kam mein Vater zu mir in mein Zimmer; und fragte mich, nach einigen väterlichen Liebkosungen, wie mir der Herr von Minerbe gefiele, da er gehöret, daß ich mich den ganzen Abend mit ihm unterhalten hätte. Hierauf antwortete ich ihm, daß ich mit meinen Schwachheiten genug zu thun hätte, um anderer ihre aufzusuchen; und so sehr auch der äusserliche Schein den Herrn von Minerbe in den Augen der Welt lächerlich machte, so wäre ich doch nicht genug mit ihm umgegangen, um die vielleicht bessern Eigenschaften seines Gemüths kennen zu lernen. Das ist wahr, versetzte mein Vater, und fieng darauf an, ihm eine Lobrede zu halten, welche im Stande gewesen wäre, mir den vortheilhaftesten Begrif von ihm beyzubringen. Ganz besonders hielt er sich lange bey seinen höflichen Manieren in dem Umgange der Frauenzimmer auf, für welche er jederzeit eine merkliche Schwachheit gehabt hatte. Wer meinen Vater hörete, so hatten die drey Weiber, die er gehabt hatte, in einem solchen Manne einen Schatz besessen. Auch in dem ziemlich hohen Alter, worinne er sich damals befand, konnte er das Glück einer Person machen, die seine Neigungen zu ge-

win=

winnen wüßte: worauf er noch so viele andere
Dinge vorbrachte, daß es meinerseits nicht viel er=
forderte, deutlich voraus zu sehen, wohin dieses
Gespräch eigentlich abzielete.

Nachdem sich mein Vater in den Lobeserhebun=
gen einer solchen Person weitläuftig ausgebreitet
hatte: so fragte er mich gleichsam beyläufig, ob
ich nicht Lust hätte, seine Frau zu werden. Grosse
Lust, antwortete ich geschwind darauf; wenn die
Rechte der Ehe erlaubten, daß er in Afrika lebe=
te, und ich in Amerika, wenn ich aber unter ei=
nem Dache mit ihm leben sollte, so wollte ich viel
lieber niemals heirathen, als an der Seite eines
solchen Mannes beständig unglücklich leben. Vor=
urtheile der eigensinnigen Jugend! versetzte mein
Vater darauf, welche die Menschen nach dem äus=
serlichen Ansehen und nach den Jahren abmißt.
Ein junger Mann nach dem Muster der Gangmo=
den des Jahrhunderts würde dich kaum so lieben,
als er dich liebenswürdig findet, das ist, sehr we=
nig, und ich glaube daß du gesunde Augen hast,
und daß es im Hause an Spiegeln nicht fehlt, um
zu sehen, daß die Natur nicht allzu günstig gegen
dich gewesen ist. Ein Mann hingegen, der durch
sein Alter vernünftiger und klüger geworden ist,
kann dich, aller Fehler der Natur ungeachtet, so
sehr lieben, als jener nach dem verderbten gegen=
wärtigen Geschmacke. Ich will dir aber ohne wei=
tere Umstände sagen, was ich von dieser Sache
denke, und was ich dir als Vater zu rathen für

meine

meine Pflicht halte. Was das Heirathen oder Nichtheirathen anbelanget, so kömmt dieses auf dich an, weil ich mir nicht will nachsagen lassen, daß ich eine Tochter wider ihren Willen gezwungen habe. Ich weis, daß du eine ansehnliche Mitgabe hast, da dir niemand die Erbschaft der Mutter nehmen kann: allein eine gute Mitgabe ist nicht allezeit hinreichend, eine gute Partie zu finden; und mein väterliches Herz würde es unmöglich ertragen können, dich an der Seite eines Mannes misvergnügt zu sehen, der mehr dein Geld liebte, als deine Person. Die Beyspiele sind nur allzu häufig in der Welt, daß sie mir nicht Furcht erwecken sollten; und es ist, wie du sagst, wirklich besser, niemals zu heirathen, als es wider seinen Willen zu thun, und sich unglücklich zu machen. In diesem Falle muß ich dich doch fragen, in was für einen Stand du zu treten willens bist, wenn du nicht heirathen willst. Denkst du vielleicht, daß du bis an den Tod in deines Vaters Hause leben willst, wie jetzt? Was würde das für ein Leben seyn? So lange ich lebte, würde ich beständig Aufsicht über dich haben müssen; du würdest dich allerhand Gefahren blos stellen, und böse Leute würden übel von dir sprechen: und wenn ich todt wäre, so würdest du dich deinen Brüdern überlassen müssen, von denen du die Zärtlichkeit eines Vaters nicht erwarten kannst. Wolltest du vielleicht in ein Kloster gehen, um dich den Unruhen der Welt zu entziehen, wie könntest du da unter einem Haufen Frauenspersonen deine Glückseligkeit finden,

deren

deren Vorurtheile dir so wenig gefallen können, und deren Fehler du noch weniger ertragen würdest. Es bleibt daher kein ander Mittel für dich übrig, als zu heirathen; und da die Ehen selten glücklich sind, so sehe ich keine andere, als die mit dem Herrn von Minerbe, welche deine Mitgabe, deine Ruhe und die Ruhe deines Vaters selbst in Sicherheit stellen kann.

Dieses sind alles ganz schöne Worte, versetzte ich etwas entstellt, da er aufgehöret hatte: allein sie sind so beschaffen, daß ich sie noch schöner beantworten würde, wenn ich nicht sähe, daß es ganz vergebens wäre. Ohne sich aller dieser krummen Wege zu bedienen, dürfen Sie nur gerade zu sagen, daß Sie sich entschlossen haben, mich dem Herrn von Minerbe zur Frau zu geben, und wenn es auch meine Glückseligkeit, oder sogar mein Leben kosten sollte. Ich will die Ursachen davon nicht untersuchen, ob ich sie gleich deutlich einzusehen glaube. Der Himmel vergebe es dem, der Ursache davon ist; wiewol ich ganz wohl sehe, daß ich sie nicht weit zu suchen brauche. Wir wollen die Maske bey einer Sache ablegen, worinne wir beyderseits gleich aufrichtig seyn müssen, damit wir unsere Politik mit der Zeit nicht bereuen dürfen. Unter hundert Antworten, die ich Ihnen auf Ihren Antrag geben könnte, will ich Ihnen ein für allemal eine geben, die Sie wegen meiner Entschlossenheit in dieser Sache nicht in Zweifel lassen wird. Sie wollen, daß ich den Herrn von Mi-

nerbe

werbe heirathen soll: und ich will ihn nicht heirathen, und wenn es mir auch das Leben kosten sollte. Die Antwort ist nicht verwegen in dem Munde einer Tochter, da sie viel vernünftiger ist, als der tyrannische Befehl eines Vaters. Den Herrn von Minerbe kann ich nicht lieben: wenn ich ihn nicht liebe, so darf ich ihn nicht heirathen: und was ich nicht thun darf, dazu will ich mich auch von meinem Vater selbst nicht zwingen lassen. Dieses ist die Ursache, welche meine abschlägliche Antwort rechtfertiget, und welche mir den Muth giebt, alles zu unternehmen, um sie bis an den Tod zu behaupten. Das Schicksal, welches mir bevorstehet, wenn ich in meines Vaters Hause bleibe, ist zweifelhaft und ungewiß; eben so zweifelhaft und ungewiß ist auch der Verdruß, den ich in einem Kloster finden kann: allein die Beschwerlichkeiten eines verhaßten Mannes sind ganz unfehlbar; und ich befinde nicht vor gut, ein gewisses Uebel hundert andern vorzuziehen, welche mir die unbeständige Verbindung des Schicksals ersparen kann.

Als ich dieses gesagt hatte, so gieng ich fort, und ließ mich den ganzen Abend nicht wieder sehen; auch nicht einmal beym Abendessen, ob man mich gleich zweymal rufte. Da ich mich blos mit meinen Gedanken unterhielt, so kann ich mich rühmen, daß ich in einem Augenblicke das ganze Gewebe voraus sah, das man zu meinem Schaden bereits angezettelt hatte. Ich durfte mir nicht vorwerfen, gegen meinen Vater die Grenzen des strengsten

sten Gehorsams überschritten zu haben; ob ich mich gleich seinem Willen gerade widersetzet hatte. Da es auf die Wahl meines Standes ankam, so muste ich zu meinem Besten eben so entschlossen seyn, als er gegen seine Frau schwach war, damit ich meine Furchtsamkeit nicht bereuen dürfte, so wie er seine Gefälligkeit einmal bereuen würde.

Welcher von meinen geneigten Lesern wird mich wol verurtheilen, weil ich keinen solchen Mann wollte, nachdem ich das Bild davon mit meiner Feder entworfen habe? Da ich einmal festgesetzet hatte, daß ich ihn nicht wollte, so war dieses Betragen gegen meinen Vater das beste, um mein Vornehmen glücklich auszuführen. Wäre ich furchtsam gegen ihn gewesen, so würde er ohne Zweifel auch freyer gewesen seyn. Hätte ihm daher meine Entschlossenheit nicht einiges Nachdenken verursachet, so wäre ich verlohren gewesen, und hätte das äußerste thun müssen. Ein kluges Frauenzimmer muß insgeheim alles versuchen, ehe es sich der Nachrede der Leute blos stellet. Die Geduld ist in gewissen kitzlichen Umständen viel werth: In gewissen andern aber ist es besser, kühn zu seyn; doch darf die Kühnheit nicht blos in Worten bestehen, sondern muß, so zu sagen, ein Blitz seyn, worauf der Schlag, wenn es nöthig ist, so gleich erfolget.

Allem Ansehen nach war zu vermuthen, daß der Vater einer Tochter folgen würde, deren Character er kennete. Ich habe also das bey dieser Ge-

legenheit bezeigte Betragen niemals bereuet, und
würde so gar die besten Wirkungen davon empfunden haben, wenn er nicht eine Frau an der Seite
gehabt hätte, die mich mehr als stiefmütterlich hassete,
und die ihm alle ihre verhaßten Gesinnungen gegen
mich beybrachte, die in ihrem Gemüthe herrscheten.
Jedermann kann glauben, daß ich äusserst neugierig
war, zu erfahren, was meine Worte in ihnen für
einen Eindruk gemacht, nachdem sie solche einander mitgetheilet hatten. Ich hoffete, daß sie beym
Abendessen etwas von ihren inren Bewegungen würden haben merken lassen, und es that mir beynahe
leid, daß ich nicht zugegen gewesen war. Don Maximus aber war da gewesen, und niemand könnte
mich besser davon unterrichten als er, wenn es mir
gelung, alleine mit ihm zu sprechen, ehe ich mich
zu Bette legte.

Die Neugierde vermag alles bey den Frauenzimmern: sie ist aber nicht allezeit ein Fehler unsers Geschlechts, wenn sie von den Umständen gerechtfertiget wird. In meinem Falle konnte der
Aufschub dieser einzigen Nacht meinem Vortheile
schädlich seyn, weil ich vielleicht Rath und Mittel
finden konnte, wenn ich alle diese Stunden zu
reiflicher Ueberlegung meiner Sache anwendete.
Voller Ungedult also mit dem Don Maximus noch
diesen Abend zu sprechen, und zwar, ohne im Hause einen Verdacht zu erregen, schrieb ich in aller
Eil ein paar Zeilen, daß er sich nach Mitternacht

sten Gehorsams überschritten zu haben; ob ich mich
gleich seinem Willen gerade widersetzet hatte. Da
es auf die Wahl meines Standes ankam, so muste
ich zu meinem Besten eben so entschlossen seyn, als
er gegen seine Frau schwach war, damit ich meine
Furchtsamkeit nicht bereuen dürfte, so wie er seine
Gefälligkeit einmal bereuen würde.

Welcher von meinen geneigten Lesern wird mich
wol verurtheilen, weil ich keinen solchen Mann wollte, nachdem ich das Bild davon mit meiner Feder entworfen habe? Da ich einmal festgesetzet hatte, daß
ich ihn nicht wollte, so war dieses Betragen gegen
meinen Vater das beste, um mein Vornehmen glücklich auszuführen. Wäre ich furchtsam gegen ihn
gewesen, so würde er ohne Zweifel auch freyer gewesen seyn. Hätte ihm daher meine Entschlossenheit nicht einiges Nachdenken verursachet, so wäre
ich verlohren gewesen, und hätte das äußerste thun
müssen. Ein kluges Frauenzimmer muß insgeheim
alles versuchen, ehe es sich der Nachrede der Leute
blos stellet. Die Geduld ist in gewissen kitzlichen
Umständen viel werth: in gewissen andern aber ist
es besser, kühn zu seyn; doch darf die Kühnheit
nicht blos in Worten bestehen, sondern muß, so zu
sagen, ein Blitz seyn, worauf der Schlag, wenn
es nöthig ist, so gleich erfolget.

Allem Ansehen nach war zu vermuthen, daß
der Vater einer Tochter folgen würde, deren Character er kennete. Ich habe also das bey dieser Ge-

gegenheit bezeigte Betragen niemals bereuet, und würde so gar die besten Wirkungen davon empfunden haben, wenn er nicht eine Frau an der Seite gehabt hätte, die mich mehr als stiefmütterlich hassete, und die ihm alle ihre verhaßten Gesinnungen gegen mich beybrachte, die in ihrem Gemüthe herrscheten. Jedermann kann glauben, daß ich äusserst neugierig war, zu erfahren, was meine Worte in ihnen für einen Eindruk gemacht, nachdem sie solche einander mitgetheilet hatten. Ich hoffete, daß sie beym Abendessen etwas von ihren inren Bewegungen würden haben merken lassen, und es that mir beynahe leid, daß ich nicht zugegen gewesen war. Don Maximus aber war da gewesen, und niemand könnte mich besser davon unterrichten als er, wenn es mir gelung, alleine mit ihm zu sprechen, ehe ich mich zu Bette legte.

Die Neugierde vermag alles bey den Frauenzimmern: sie ist aber nicht allezeit ein Fehler unsers Geschlechts, wenn sie von den Umständen gerechtfertiget wird. In meinem Falle konnte der Aufschub dieser einzigen Nacht meinem Vortheile schädlich seyn, weil ich vielleicht Rath und Mittel finden konnte, wenn ich alle diese Stunden zu reiflicher Ueberlegung meiner Sache anwendete. Voller Ungeduld also mit dem Don Maximus noch diesen Abend zu sprechen, und zwar, ohne im Hause einen Verdacht zu erregen, schrieb ich in aller Eil ein paar Zeilen, daß er sich nach Mitternacht in einer Gallerie, die aus meinem Zimmer in den Garten gieng, einfinden möchte, weil mir sehr viel daran gelegen wäre, einen Augenblick mit ihm zu sprechen. Ich nahm die Gelegenheit in Acht, da alles bey Tische war, gieng heimlich hinunter in sein Zimmer, und legte das Billet inwendig aufs Schloß, so daß er es nothwendig sehen muste, wenn er die Thür zuschloß. Die Sache gelang mir, wie ich sie ausgedacht hatte. Ich blieb in meinem Zimmer ganz ruhig, und wartete nur auf die bestimmte Stunde, da alles im Hause ruhig war. Als meine Bedienung, wie gewöhnlich, kam, um zu fragen, ob ich etwas nöthig hätte, so stellete ich mich äusserst aufgebracht, ob ich mich gleich beständig bemühete, mich niemals aufbringen zu lassen. Diese Aufnahme machte, daß mich die Bedienten zufrieden ließen, und mir nicht mehr beschwerlich fielen. Ich schloß mich in meine Stube, und also konnte niemand wissen, ob ich noch auf, oder zu Bette war: allein, meine Unruhe erlaubete mir nicht, zu überlegen, daß ich auch die Fenster zumachen müßte, wenn man das Licht von aussen nicht sehen sollte. Meine Absichten wurden daher sogleich entdecket, und brachten mich geschwind zu einem Schritte, wovon ich tausend Meilen weit entfernt zu seyn glaubte.

Eilfter

Eilfter Abschnitt.

Zusammenkunft mit dem Don Marimus. Seine Gedanken bey meinen Umständen, und meine Schwierigkeiten, welche vom Zufalle erleichtert wurden.

Noch vor Mitternacht war das ganze Haus zu Bette, daher ich voller Ungeduld, mit dem Don Marimus zu sprechen, noch eher an den bestimmten Ort gieng. Kaum sah er mich, so sagte er zu mir: Ich weis, was sie von mir wollen, Mamsell. Ihre Umstände beunruhigen mich sehr. Aus einigen abgebrochenen Worten ihres Vaters habe ich genug entdecket, und ich kann ihnen Nachrichten geben, die sie vielleicht niemals erwartet haben. Ich unterbrach diese seine dunkeln Ausdrücke, und fragte ihn vor allen Dingen, ob man beym Abendessen von mir gesprochen hätte, und was mein Vater dächte? Er hatte nebst meiner Stiefmutter über diesen Punkt in Gegenwart anderer ein strenges Stillschweigen beobachtet: gleichwol hatte man in ihrem Gesicht und in ihrem Betragen eine merkliche Unruhe wahrgenommen. Nach dieser Nachricht fragte ich ihn, ob er wüßte, daß sie mir den Herrn von Minerbe zum Manne geben wollten, ob er gleich seines Alters wegen mein Urgroßvater seyn könnte, und wegen seiner lächerlichen Figur ein Gegenstand meines Hasses wäre.

F 3 Ich

Ich weiß es, antwortete mir Don Maximus, und habe es blos aus zwey Worten entdecket, welche ihr Vater zu mir sagte, ehe ich mich zu Tische setzte. Indem ich aus seiner Dose eine Prise Tabak nahm, schlug er mich mit der einen Hand auf die Schulter, und sagte zu mir: Don Maximus, sie sind ein guter Freund von meiner Tochter; seyn sie es aber auch von meiner Ehre, die ihr nicht sonderlich am Herzen liegt. Ich war bereits im Begriff, ihm zu antworten, wie es diese zweydeutigen und beißenden Worte verdieneten, als Madam darzu kam, worauf er mir mit dem Finger ein Zeichen gab, daß ich weiter nichts sagen sollte. Anstatt zu essen, dachte ich bey Tische beständig an seine Worte, ohne daß ich das Geheimniß begreifen konnte. Als ich wieder in mein Zimmer kam, so fand ich auf dem Tische einen Brief, der mir einiges Licht gab: es war aber, indem ich ihn laß, als wenn ich vom Donner gerührt würde. Hier ist der Brief. Er hat keine Unterschrift, und ist von einer Hand geschrieben, die ich niemals gesehen habe. Hören sie; erschrecken sie aber nicht darüber. Wir befinden uns beyde bey trüben und dunkeln Wetter auf einem stürmischen Meere: allein, gute Schiffleute erschrecken nicht bey Ungewittern, weil sie nach dem Sturme wieder stilles Wetter hoffen. Es ist kein kleiner Trost für Elende, in ihrem Unglücke einen Gefährten zu haben. Bis hieher konnten sie sagen, daß man sie alleine

zum

zum Ziele hatte: itzt aber werden sie sehen, daß ich in Ihr Unglück mit verwickelt bin, und daß wir entweder mit einander umkommen, oder uns mit einander retten müssen. Hören Sie zu, ich will lesen.

Mein Herr,

Eine Person, der mehr daran liegt, Ihnen nützlich zu seyn, als sich zu erkennen zu geben, warnet sie hiermit ingeheim, von dem verliebten Umgange mit der Mamsell D. N. abzustehen, wenn Sie nicht wollen, daß es für Sie Beyde üble Folgen haben soll. Ihren Eltern und Ihrer Herrschaft ist diese unanständige Vertraulichkeit nicht unbekannt, ob sie sich gleich stellen, als wüsten sie nichts davon, um den guten Namen eines wohlhabenden Mädchens und Ihr nicht allzuehrbares Betragen der Nachrede der Leute nicht auszusetzen. Rathen Sie ihr daher selbst, die erste Parthie zu ergreifen, die sich findet, um sich nicht einer Schande auszusetzen, wenn Ihr gegenwärtiges Betragen bekannter werden sollte. Die Nachricht kömmt von einer Person, die mehr als dieses weis, und sie wird allezeit die Pflicht eines ehrlichen Mannes gethan haben, wenn Sie auch keine Vortheile daraus ziehen wollten. Leben Sie wohl.

N. N.

So wie er diesen Brief laß, so fühlete ich, daß mir das Blut in den Adern erstarrete, und ich weis nicht, wie es kam, daß ich nicht an seiner Seite halb todt niederfiel. Aus diesen wenigen Zeilen, die mit dem abscheulichsten Gifte angestecket waren, sahe man, daß man mich für des Don Maximus Liebste hielt, daß man glaubte, unsere Liebe habe die Grenzen der Ehrbarkeit überschritten, daß man mich in aller Eil verheirathen wollte, um meine Schande vor den Augen der Welt zu verbergen, und daß nichts bessers, als der Herr von Minerbe für mich zu hoffen stünde, weil er meine Leichtsinnigkeit entweder nicht wüste, oder blindlings darüber weggehen wollte. Himmel, gerechter Himmel, der du ein unfehlbarer Zeuge der geheimsten Handlungen und Gedanken der Menschen bist! du weißt, und kannst mir bezeugen, ob jemals eine unverdientere Verläumdung gegen ein unschuldiges Mädgen vorgebracht worden ist. In dieser unglücklichen Zeit war zwischen mir und dem Don Maximus noch kein einziges Wort von Liebe gewechselt worden, ob er gleich vielleicht in seinem Gemüthe die Empfindung einer besondern Freundschaft gegen mich hegete. Das Betragen meiner Stiefmutter gegen mich, die blinde Gefälligkeit eines alten Mannes gegen sie, und die andern Umstände, die wir täglich vor Augen sahen, gaben deutlich zu erkennen, daß man meine Brüder auf meine Kosten bereichern wollte. Der Character des Herrn von Minerbe, seine Jahre und sein Vermögen waren so viel deutliche Proben, daß er, um eine junge Frau zu bekommen, nicht nur eine ohne

Hemde

Hembde genommen, sondern ihr auch noch ein ansehnliches Vermächtniß von seinem Vermögen gemacht haben würde. Gleichwol hoffte die Boßheit und die Treulosigkeit, den Sachen ein ander Ansehen zu geben, und mich auf eine listige Art zu einer Ehe zu zwingen, um meinen guten Namen vor den boßhaften Zungen der Verläumder in Sicherheit zu setzen; gleich als wenn sonst kein ander Mittel zu finden gewesen wäre.

Der Betrug war listig angestellt: allein man muste einen Vater vor sehr leichtgläubig halten, um ihn zu hintergehen, und eine ehrliche Tochter ohne alle Herzhaftigkeit annehmen, um sie zu erschrecken. Nach seinem vorigen Betragen zu schlüssen, so mochten die Kunstgriffe der boshaften Frau in dem Herzen meines Vaters einen übeln Eindruck gemacht haben: allein in Ansehung meines Characters war es nicht so leicht, mich von der Boßheit überwältigen zu lassen, da ich die Unschuld auf meiner Seite hatte. Nachdem ich meinen Fall in seinem wahren Gesichtspunkte betrachtet hatte, so kam alles darauf an, daß ich einen Entschluß faßete, was für eine Parthey ich bey dieser gefährlichen Probe ergreifen wollte. Dieses war der Gegenstand der Unterredung mit dem Don Maximus. Wir untersuchten mit einander, was für einen Weg ich einschlagen müßte, um einen Mann nicht zu heirathen, der mir zuwider war,

war, und wie ich mich den Entschließungen einer Stiefmutter und eines Vaters widersetzen wollte, um nicht die Fabel der Stadt zu werden.

Auf der einen Seite wuste ich, daß ich unschuldig war, und daß ich nichts zu befürchten hätte: auf der andern aber war ich vorsichtig, und muste mich wider eine Gewaltthätigkeit zu verwahren suchen. Ich ersuchte den Don Maximus, mir seine Meinung hierüber zu sagen, und bath ihn um so viel freyer darum, da ich nicht das geringste von einer geheimen Neigung gegen ihn fühlete. Ich weis nicht, ob Don Maximus in seinem Gemüthe damals eine ähnliche Gleichgültigkeit hatte: so viel weis ich aber, daß er mit mir als Freund redete, und daß ich den Freund anhören muste, wenn er mir auch als Liebhaber gerathen hätte. Er gab mir also zu überlegen, daß mir mein Heirathsgut niemand streitig machen könnte; daß ich aber einen großen Lärm in der Welt machen müste, wenn ich mirs durch den Weg Rechtens verschaffen wollte. Da dieses die Beute wäre, wornach meine Stiefmutter zum Besten ihrer Kinder strebete, so würde sie alles mögliche thun, um sie zu erhalten, und wenn sie mich auch um die gute Meynung der Welt dadurch bringen sollte. Und da sie wüste, daß ich in Ansehung der Ehre sehr empfindlich wäre, so hätte sie mich an dem Theile angegriffen, den sie für den

schwäch-

schwächsten hielt, um mich zu zwingen, den Herrn von Minerbe zu heirathen. Die Wege des Processes wären nicht nur sehr lang, sondern auch sehr gefährlich für mich; daher mir kein ander Mittel übrig bliebe, die Hand des Herrn von Minerbe entweder freywillig anzunehmen, oder mich in den Stand zu setzen, sie nicht mit Gewalt annehmen zu dürfen. Annehmen, sagte ich hier, dieses will ich weder mit Gewalt, noch freywillig, und sollte es mich das Leben kosten; denn nach meinen Grundsätzen erschrecket mich der Tod weniger, als ein unglückliches Leben. Wenn dem so ist, fieng Don Maximus wieder an, so sehe ich, um sich einer Gewaltthätigkeit zu entziehen, keinen andern Weg, als einen von diesen Beyden, daß Sie Sich entweder freywillig in ein Kloster verschliessen, oder den verwegensten Schritt thun, den ein Frauenzimmer thun kann, das ist, sich vor den ungerechten Verfolgungen ihrer Eltern durch eine Flucht in Sicherheit zu setzen. In ein Kloster, nein, niemals, antwortete ich darauf, ohne ihm einmal Zeit zu lassen, seinen doppelten Vorschlag zu endigen. In ein Kloster, gewiß nicht: denn da die Freyheit das einzige Gut ist, das mir übrig bleibt, um mir das Leben weniger beschwerlich zu machen, so will ich sie, andern zu gefallen, nicht selbst aufopfern, um meinen Tod zu beschleunigen. Wie wollen Sie Sich also, versetzte mein Freund, der Tyranney ihrer Eltern entziehen, ohne aus dem väterlichen

Hause

Hause zu fliehen, und Ihr Glück blos ihrem Verstande zu überlassen. Fliehen! versetzte ich ganz erschrocken, aus meines Vaters Hause fliehen: aber wohin, und mit wem, ohne mich auf immer um meinen guten Namen zu bringen. Mit wem, antwortete mir Don Maximus, verschonen Sie mich, Ihnen mehr zu sagen; denn da Sie selbst Einsicht genug haben, diese Sache gehörig zu untersuchen, so will ich nicht, daß Sie meinen Rathschlägen die Schuld beymessen sollen, wenn Sie einmal nicht mit Sich zufrieden wären. Wenn es einmal ausgemacht ist, daß es Ihre Umstände verlangen, so könnte ich noch hinzusetzen, daß die Nothwendigkeit die verwegensten Unternehmungen rechtfertiget: daß es dem menschlichen Verstande niemals an Mitteln fehle, sie ausführen zu können: daß die ganze Welt das Vaterland desjenigen sey, der sich von dem Pöbel zu unterscheiden und über ihn zu erheben weis; daß ein jeder, und ich besonders mir eine Ehre daraus machen würde, eine unterdrückte Unschuld zu beschützen, und mit Ihr in irgend einem Winkel der Erde mein ganzes Glück zu theilen, und daß sich endlich derjenige, der sich zum Sclaven des Geschwätzes der Welt macht, selbst verdamme, und einem Tyrannen diene, der mit unserer mühsamsten Bedienung niemals zufrieden ist. Alles dieses sind Dinge, Mamsell, worinne Sie keinen Unterricht brauchen. Die Sache geht Sie an, folglich müssen Sie auch einen

nen Entschluß fassen: sollten aber ihre Entschließungen meinen Beystand jemals nöthig haben, so seyn
Sie versichert, daß ich, um mich Ihnen alleine gefällig zu machen, jedermann zu beleidigen Muth
genug habe.

Hier schwieg Don Maximus, und ich wollte
ihm antworten, ohne jedoch zu wissen: was; allein es trug sich ein so unvermutheter Zufall zu,
daß ich meine Unentschlossenheit durchaus fahren
lassen, und alle Achtung außer Augen setzen muste.
Es ist eine ausgemachte Wahrheit in der Welt,
daß uns die Unachtsamkeit anderer oft selbst un-
achtsam macht, und daß uns oft derjenige, der uns
bey einem Falle die Hand reichen will, einen Stoß
giebt, der unsern Fall beschleuniget.

Zwölfter Abschnitt.

Mein Vater überraschet mich. Seine Verweise,
meine Klagen, und zweifelhafte Ungewißheit,
worinne mich die Begebenheiten dieser Nacht
ließen.

Ich habe bereits gesagt, daß ich, da ich aus
meiner Stube gieng, um den Don Maximus
in der Gallerie, die nicht weit davon war, zu erwarten, unversehens die Fenster offen gelassen
hatte,

hatte, wodurch man das Licht von außen sehen konnte. Diese Fenster giengen in einen Hof, der das ganze Haus umgab. Auf der entgegengesetzten Seite dieses Hofes war das Zimmer, worinne mein Vater schlief, so daß seine Fenster den meinigen gerade gegen über waren. Meine Stiefmutter hatte also das Licht in meiner Stube so späte wahrgenommen, da man mich schon lange zu Bette zu seyn glaubte, und schöpfete deshalben Verdacht. Die Bosheit siehet weit voraus: und da sie an alles denket, so erräth sie bisweilen etwas. Die Antworten, die ich meinem Vater den vorigen Abend gegeben hatte, waren so beschaffen gewesen, daß sie ihm viel Materie zu einer geheimen Unterredung mit seiner argwöhnischen Frau geben konnten. Sie war auch in der That noch nicht zu Bette, da ich mich in der Gallerie mit dem Don Maximus unterhielt, und meine betrübte Stellung betrachtete. Nun mochte sie entweder aus dem noch brennenden Lichte eine nächtliche Zusammenkunft geschlossen haben: oder mein Vater, der mich noch auf zu seyn glaubte, kam von ohngefähr, um mir noch das zu sagen, was er den vorigen Abend bey sich behalten hatte. So viel ist gewiß, daß er mich mit einem Lichte in der Hand an dem Orte überraschete, wo ich mit dem Don Maximus sprach; und es fehlete nicht viel, daß ich nicht vor Schrecken niedergesunken wäre.

Die

Die Französin in Italien.

Die Unschuld fühlt keine Vorwürfe, die ihr eine Röthe ins Gesicht jagen: allein die Boßheit hat geheime Streiche, welche die entschlossenste Tugend in Furcht setzen können. Meine gröste Furcht war, mein Vater möchte mich von einer Flucht haben reden hören, welches genug war, um mich für strafbar zu halten. Ein Glück war es für mich, daß ich gleich bey seinen ersten Worten gewahr wurde, daß meine Furcht ungegründet gewesen war: ich fassete daher wieder Muth, um seine Anrede herzhaft auszuhalten. Da sieht mans, fieng er mit einem Tone an, der Unwillen und Klugheit verrieth, damit es nicht jedermann im Hause hören möchte; da sieht mans, ob es wahr sey, was man sagt, und ob ich nicht tausend Ursachen habe, selbst für meine Ehre zu sorgen, woran Ihr beyde so wenig gedenket. Was wollen so viel geheime Unterredungen sagen, wenn Ihr nicht in einander verliebt seyd? Wie kömmt es, daß der Tag nicht lang genug ist, und daß ihr noch die Dunkelheit der Nacht suchet, wenn Euch nicht Eure Liebe zu verstohlnen und abscheulichen Ausschweifungen verleitete? Nun habe ich Euch doch einmal auf der That ertappet, und Ihr werdet mir itzt meine Schande nicht mehr leugnen wollen. Danket mit beyde, du, daß ich dein Vater bin, und Er, daß ich nicht den Verstand verlohren habe, um meine und Seine Schande selbst bekannt zu machen. Lasse Er sich gefallen, daß ich sie, so gut als möglich ist, zudecke, indem ich meiner Tochter einen Mann gebe, der von ihren Schwachheiten nichts weis; Ihn aber im Hause behalte,

damit

damit niemand einen Verdacht schöpfe, ob er gleich verdienete, daß ich Ihn sogleich fortjagte. Mein Betragen mag nun entweder furchtsam oder klug genennet werden, so könnet Ihr beyde zufrieden seyn, daß ich Euch auf keine andere Art bestrafe; es hat also dieses was beytragen müssen, daß du den Herrn von Minerbe ohne Umstände heirathest, und daß dir Don Maximus nicht dein Glück entziehet, so, wie er seinerseits alles gethan hat, dich um deinen guten Nahmen zu bringen. Wäret Ihr für einander gebohren, so würde ich nicht die geringste Schwürigkeit gehabt haben, meine Schande zu verhindern, und Eure Leidenschaft auf eine erlaubte Art zu befriedigen. Ich will alles glauben, was mir Don Maximus von sich zu sagen Lust hat: allein von einer Tochter darf ich blos dasjenige glauben, was mir die Liebe räth, und diese Liebe leidet nicht, daß ich sie blindlings verheirathe, da ich ihr eine Parthie verschaffen kann, die mit ihrem Stande übereinkömmt. Eure jugendlichen Fehler mögen mit meinen Verweisen in dieser Dunkelheit verborgen bleiben; von mir soll Niemand die geheimen Bewegungsgründe einer so seltsamen und eilfertigen Heirath erfahren, wenn meine Tochter nicht etwa so verwegen und unverschämt ist, sich dem einzigen und besten Entschlusse zu widersetzen, den ein liebreicher Vater bey solchen Umständen fassen kann.

Er wollte weiter fortfahren; allein ich hatte nicht die Geduld, ihn länger anzuhören, ohne mich den Angriffen eines gerechten Unwillens zu überlassen, den meine verläumdete Unschuld erregen muste. Sie reden die Unwahrheit, mein Herr, rufte ich hier ganz laut aus, ohne mich zu bekümmern, ob mich jemand hörete, oder nicht. Sie sind nicht liebreich, Sie sind kein Vater, wenn Sie so denken von einer Tochter, wie ich bin; ja Sie sind auch nicht einmal ein ehrlicher Mann, wenn Sie nach einem zweifelhaften Scheine so übel urtheilen. Ich will Ihnen sagen, was Sie sind, wenn Sie es nicht übel nehmen wollen. Sie sind ein dreymal guter Mann einer dreymal ja hundert tausendmal boßhaften Frau. Sie sind ein Mann, der von der Liebe so eingenommen ist, daß sie alle Menschen zu den häßlichen Ausschweifungen fähig halten, wozu Sie ihre Leidenschaft selbst verleitet. Sie machen sich einer Frau so blindlings gefällig, daß Sie den Character einer Stiefmutter und einer ehrlichen Tochter nicht unterscheiden, und daß Sie nicht sehen, daß Sie mir durch diese boßhafte Verleumdung meine Mitgabe entziehen will, um ihre Kinder dadurch zu bereichern. Aus was für einem Grunde nimmt man einer Tochter die Ehre, und warum straft man sie so grausam, ehe man sie überzeuget hat, daß sie strafbar ist? Es gehört mehr dazu, als sie mit einer bekannten Person vom Hause im Dunkeln zu finden, mit der sie weder Schlupfwinkel noch Dunkelheit nöthig hätte, wenn sie einer schändlichen Ausschweifung fähig wäre. Diese nächtliche Zusammenkunft mit dem Don Maximus ist die erste gewesen: und wenn Sie die Ursache davon wissen wollen, so will ich sie Ihnen sagen. Sie selbst sind die Ursache davon. Schämen Sie Sich, mein Herr, daß ich in meines

G Vaters

Vaters Hause keinen bessern Freund habe, als einen Fremden, und daß ich mich genöthiget sehe, mich mit ihm zu berathschlagen, um von den Thorheiten des Vaters nicht unterdrücket zu werden. Sie würden mich um diese Zeit gewis nicht hier gefunden haben, wenn Sie mir nicht gestern Abend mit der Heirath des Herrn von Minerbe den Tod angekündiget, und wenn nicht eine unbekannte und noch grausamere Hand, als die ihrige, durch diesen schändlichen Brief, den wir hier mit einander lasen, mich um meinen guten Namen zu bringen gedrohet hätte. Wären Sie nur etwas eher gekommen, so würden Sie uns nicht im Finstern gefunden haben, weil wir diesen Brief bey diesem Lichte lasen, das hier ausgelöscht steht, und welches wir nachgehends erst zu unserer grösseren Sicherheit auslöscheten. Wer hat das verfluchte Blatt geschrieben? Von wem kömmt es, und weswegen ist es so abgefasset? Sie sind kein Mensch, geschweige denn ein Vater, wenn Sie das Geheimniß nicht einsehen. Ich bin ein Frauenzimmer, und sehe es ein, und ich scheue mich gar nicht, es zu sagen, weil nunmehro alle Verstellungen überflüßig sind. Meine Stiefmutter will, daß ich den Herrn von Minerbe heyrathen soll, weil dieses für ihre Vortheile dienlich ist. Sie würden ein solches Opfer von mir nicht erlangen können, wenn Sie es für meine beleidigte Ehre nicht nothwendig hielten. Dieses ist die Ursache,

waswarum man Ihnen durch listige Worte und durch unbekannte Briefe weiß machet, daß ich in den Don Maximus verliebt sey; und daß wir seit langer Zeit einen unerlaubten Umgang mit einander haben. Reißen Sie das Band von ihren Augen, mein Herr, und entziehen Sie Sich dem Fuße, den Ihnen eine Frau auf den Hals gesetzet hat, so werden Sie selbst sehen, daß man die Töchter nicht verunehre, um Sie zu verheirathen: und daß man sie nicht verheirathe, um sie unglücklich zu machen. Auf allem Fall müssen Sie wissen, daß ich von einem Frauenzimmer nichts als das Kleid habe; daß ich einen ungerechten Vater nicht für meinem Vater erkenne, daß ich über meine Freyheit keine andern Rechte, als die Rechte des Himmels erkenne, und daß ich, um sie gegen die Gewaltthätigkeiten anderer zu vertheidigen, ohne einziges Bedenken auch das Leben wagen werde.

Diese Worte wurden mit aller der Hitze ausgesprochen, welcher mein Naturell und mein Schmerz fähig war, daher mich Don Maximus zu verschiedenen malen erinnern muste, ich möchte nicht so laut schreyen. Ohne Zweifel machten sie in dem Gemüthe meines Vaters den stärksten Eindruck: und ich schmeichelte mir nicht ohne Ursache damit, weil er mich da stehen ließ, ohne das geringste weiter zu sagen. Don Maximus legte dieses Stillschweigen gleichwol anders aus, und sagte mir offenbar, daß die Sachen einen übeln Gang giengen, daher ich ernstlich an mich selbst denken möchte, weil er sich, nach der letzten Erklärung meines Vaters, an sich selbst zu denken genöthiget sähe. Und was wollen Sie thun, fragte ich ihn: worauf er, ohne sich einen Augenblick zu bedenken, antwortete, daß er morgen von meinem Vater Abschied zu nehmen willens wäre; weil er ihn durch seinen boshaften Argwohn zu sehr beleidiget hätte, und sich keine bessere Genugthuung verschaffen könnte. Er that in der That nicht übel; ja er befand sich so gar in der harten Nothwendigkeit, es zu thun: allein diese Drohung machte mein Herz eiskalt, weil ich sogleich einsahe, daß meine Sache alsdenn gänzlich verlohren wäre, wenn ich auch noch einen Freund von der Art verlöre, da mir alle meine Verwandten so sehr zuwider waren.

Will man sagen, daß dieses ein Anfang zu der Neigung war, die ich nachgehends nach und nach gegen ihn faßete? Ich will mir sehr gern die Mühe ersparen, dieses genau zu untersuchen, weil diese Stunden keine Stunden des Lichts für mich waren, daß ich mich deutlich erinnern könnte, was in mir vorgieng. Es ist genug, wenn ich ohne allen Widerwillen gestehe, daß mir des Don Maximus Freundschaft in meinem Falle nützlich war, und daß sie mir daher nicht weniger nothwendig seyn

seyn muste. Die Furcht, ihn zu verlieren, war also noch keine völlige Liebe, oder sie rührte aus der Liebe gegen mich selbst her.

Bey dem Vorschlage, den er that, unser Haus zu verlassen, widersetzte ich mich nicht: ich gab es aber auch nicht sogleich zu, um mein eigen Wohl nicht aus den Augen zu setzen. Ich sagte daher blos zu ihm, daß sein Entschluß zwar nothwendig zu seyn schien, daß er ihn aber erstlich noch etwas besser erwegen müste; und bath ihn zugleich, daß er keinen Schritt weiter thun möchte, ehe wir nicht über diese Sache weiter mit einander gesprochen hätten. Er versprach mir dieses, jedoch mit der Bedingung, wenn nichts neues vorfiele; denn wenn ihn mein Vater durch seine Verweise noch einmal auf die Probe setzen sollte, so wollte er die Freyheit haben, meine und seine Ehre auf das äuserste zu vertheidigen. Wir trenneten uns also in dieser unglücklichen Nacht, nachdem wir sie mit beständigen Ueberlegungen zugebracht, ohne einen Entschluß gefasset zu haben, der uns ins künftige vor der Boßheit unserer Feinde in Sicherheit setzte. Mein Entschluß schien da hinaus zu laufen, daß ich mir, um mich gegen eine Gewaltthätigkeit zu vertheidigen, alles für erlaubt hielt: gleichwohl kann ich nicht sagen, daß ich damals bereits die Entschliessungen gefasset hatte, welche mich eine Reihe von andern Zufällen faffen ließ, ohne daß ich zu überlegen Zeit hatte, welche in meinen Umständen die besten wären.

Dreyzehnter Abschnitt.

Verluſt, den ich in der Perſon des Don Maximus litt. Lächerliche Aufnahme deſſen, der mir zum Bräutigam beſtimmt war.

Ich hatte mich zu spät niedergelegt, um zur gehörigen Zeit wieder aufzustehen; und es ist auch kein Wunder, daß ich, von der Unruhe und Müdigkeit unterdrücket, beynahe bis an den folgenden Mittag schlief. In dieser kurzen Zwischenzeit waren große Neuigkeiten im Hause vorgefallen, wovon ich nicht das geringste gewußt hätte, wenn mir es die Bedienten nicht gesaget hätten. Mein Vater war von seiner boßhaften Gattin in der Nacht immer mehr wider den Don Maximus aufgebracht worden, weil ihre Absicht war, ihn von mir zu entfernen, und die vorgeschlagene Heirath dadurch zu erleichtern. Sie kamen daher den folgenden Morgen zum Wortwechsel, woraus ein unvermutheter Bruch entstund, ohne daß er meinen Rath weiter erwartete, wie wir mit einander abgeredet hatten. Mein Vater beleidigte den

Don

Don Maximus von neuem mit beißenden Vorwürffen, indem er ihm Schuld gab, daß er seinem Hause Schande gemacht, und seine Tochter verführet hätte. Ein junger Mensch, der auf Ehre hielt, ein Unschuldiger, ein Freund, konnte sich nicht halten, da er sich so hefftig angegriffen sahe, und ließ daher zu seiner Vertheidigung und zu meiner Entschuldigung seinem gerechten Zorn freyen Lauff. Er zeigete erstlich, meinem Vater mit beissenden und empfindlichen Worten, daß man auf solche Art sein Blut nicht liebe, wenn man ihm eingebildete Verbrechen Schuld gäbe, da man die wahren Fehler vielmehr verbergen sollte. Er stellete ihm dieses so lebhaft vor, daß er über seine Schwachheit gegen eine boßhafte Frau erröthete, von der er sich verleiten ließ, der Freyheit einer Tochter auf eine so ungerechte Art Gewalt anzuthun. Von mir kam er nachgehends auf sich, und versicherte ihn auf das kräftigste, daß er einen Schimpf weder verdienete, noch weniger aber zu leiden willens wäre. Er sagte ihm, daß seine Geburth, die in gantz Italien bekannt wäre, ihn unfähig machte, ein Hauß zu entehren, das sein Vertrauen auf ihn gesetzet hätte, wenn ich auch mich selbst zu entehren fähig gewesen wäre. Er sagte ihm, daß er, ob er gleich in seinem Brode stünde, und in Lion ein Fremdling wäre, Hertz genug hätte, ihm ins Gesicht zu sagen, daß er sich schämete, sich bis zu seinen Diensten herabgelassen zu haben, da er seinem Stande und dem Vermögen seines Vaters nach, von ihm bedienet zu werden, verdienete. Wenn ein jugendlicher Eigensinn, fuhr er fort, mich verleitet hat, mein Vaterland zu verlassen, und meinen Vater böse zu machen, so habe ich deswegen nicht die Gesinnungen eines ehrlichen Mannes und das Recht verlohren, meine Gründe in jedem Theile der Welt geltend zu machen. Sie sollen auch in Ihrer Gegenwart gelten, mein Herr, und wenn Sie glauben, daß ich Sie durch die Verletzung der Ehre Ihrer Tochter beleidiget habe, so will ich Ihnen von meiner Unschuld überall Rechenschaft geben; Sie sollen aber auch für die Beleidigung stehen, die Sie mir durch Ihren ungegründeten Verdacht angethan haben; und dieses sogleich. Suchen Sie Sich jemanden, der Ihnen diene, ich schätze Sie nicht würdig, einen Augenblick länger bey Ihnen zu bleiben. Dieses ist die erste Genugthuung, die ich mir wegen des angethanen Unrechts verschaffe: allein ich schwöre Ihnen als ein ehrlicher Mann, daß es nicht die letzte seyn soll; und wenn ich aus Ihrem Hause seyn werde, so wollen wir schon weiter mit einander sprechen.

Mit diesen entschlossenen Drohungen verließ Don Maximus meinen Vater, der vor Erstaunen ganz unbeweglich stehen blieb, ohne zu wissen, was er antworten sollte, weil er vielleicht alsdenn erst überlegte, was seine Geschäfte für einen Verlust erlit-

erlitten, und welcher Gefahr sein Leben selbst aus,
gesetzet wäre. Diese beyde Betrachtungen wären
hinreichend gewesen, ihn auf andere Gedanken zu
bringen, und ihn zu bewegen, sich bis auf das in-
ständigste Bitten herabzulassen, wenn nicht seine
Frau neben ihm gestanden hätte, die auf dem Lärm
dieses Streits herbeygelaufen war. Lassen Sie ihn
doch gehen, sagte sie, lassen Sie ihn gehen, und
fürchten Sie sich vor nichts; wir wollen ihm den
Kopf schon zurechte setzen. Alles, was er vor-
bringt, sind blos Prahlereyen und Aufschneidereye-
en, die nur diejenigen zu erschrecken im Stande
sind, welche nicht wissen, daß einer gut lügen hat,
der von weitem kömmt. Der Himmel weis, wie
viel daran ist, was er Ihnen alles von seinem Stande hat weiß machen wollen! Er mag sehen, wer
ihm in Frankreich zu leben giebt, oder mit Gelde
verstehet, um nach Italien zurückzukehren; und
nachgehends kann er kommen, und mit uns zanken.
Sie sagte noch viel mehr, ihrem um verzagten Manne Muth zu machen: allein es wurde mir nicht alles hinterbracht; und ich mochte es auch nicht wissen, weil mir, da ich den Don Maximus verlohren hatte, nichts schlimmers widerfahren konnte.

Nachdem er sich von meinem Vater entfernt
hatte, so ließ er sogleich seine Sachen aus dem
Hause tragen, und nachgehends meinem Vater durch
einen Bedienten das Rechnungsbuch, welches er

geführ-

geführet hatte, überreichen. Mir aber hatte er in der Eil ein kleines Billet geschrieben, und es in eine Fuge an meine Thür gelegt, daß es niemand sehen konnte, worauf er sich sogleich aus unserm Hause entfernte, und einen Schwur that, niemals wieder einen Fuß hineinzusetzen, und wenn er auch verhungern sollte. Dieser Lärm war nicht weit von meinem Zimmer vorgefallen, ohne daß ich dadurch aufgewacht war. Als ich erwachte, so stund ich meiner Gewohnheit nach auf, um die inwendige Thür aufzumachen, und jemanden von meinen Leuten zu rufen. Das Papier, welches Don Maximus durch die Fuge der Thür gesteckt hatte, fiel mir sogleich in die Augen, ob ich gleich noch halb im Schlafe war. Ich hob es auf, ohne zu wissen, was es war, las es, ehe ich noch die Thür aufmachte, und fand es folgendes Inhalts.

Mamsell,

Ich halte mein Versprechen nicht, weil man mich abzubrechen gezwungen hat. Ich verlasse Ihr Haus; Sie aber verlasse ich nicht. Ich werde Sie allezeit in meinem Herzen haben, und Ihre Unschuld mit meinem Blute behaupten. Wenn Sie Nachricht von mir zu haben wünschen, so wissen Sie, daß ich in dem Hause des Herrn N. N. logiren werde. Ich werde mich Ihrem Hause niemals wieder nähern, als um mich

mich auf eine feyerliche Art zu rächen. Sie werden mich schon verstehen. Glauben Sie unterdessen, daß ich mit aller Hochachtung bin

Don Maximus.

Man sahe, daß dieses Billet in der Hitze geschrieben war, weil er sich nicht völlig erkläretete: allein, das wenige, was er mir sagte, war mehr als zu hinreichend, mich mit Unruhe und Schrecken zu überhäufen. Da Don Maximus für mich verlohren war; wie sollte es mir gehen? weil ich durch ihn alles verlohren hatte, und mich auf niemanden mehr verlassen konnte. Man konnte leicht sehen, daß dieses der Wunsch meiner Stiefmutter war, damit ich ihrer Boßheit alleine, und ohne Rath ausgesetzet seyn möchte. Don Maximus gefiel ihr an meiner Seite, so lange ihr unsere Vertraulichkeit dienlich war, ihren Verläumdungen den Schein der Wahrheit zu geben. Als die Maschine Feuer gefasset hatte, und sie gewahr wurde, daß mein Vater ihre Absichten beförderte, so war ihr Don Maximus an meiner Seite gefährlich, weil die Verläumdung entweder dadurch entdecket, oder ihre Absichten, mich nach ihrem Willen zu verheirathen, wenigstens vereitelt werden konnten. Hierzu setze man noch, daß seine Entfernung den Verdacht meines Vaters gewissermaßen rechtfertigte,

te, und seine Beschuldigungen bekräftigte. Wäre er unschuldig gewesen, so würde er sich nicht entfernet haben, da es auf seine und auf meine Ehre ankam. Selbst die Art, sich von uns zu entfernen, konnte vor einen mit Fleis erfundenen Vorwand gehalten werden, die seine Schuld sehr vergrößerte. Diese Betrachtungen machten auch in meinem Gemüthe einen starken Eindruck, ob ich gleich nicht völlig von dem Vorfalle unterrichtet war.

Um nun einige Nachricht davon zu erhalten, so fragte ich die Kammerfrau, als sie hineinkam, und mich ankleiden wollte, was das für ein Lärm gewesen wäre, den ich diesen Morgen im Hause gehöret hätte. Sie antwortete mir, daß Don Maximus von meinem Vater Abschied genommen, nachdem er heftig mit ihm gezanket hätte; und bey dieser Gelegenheit erzählete sie die angeführten Worte, so viel sie nämlich davon behalten hatte. Ich antwortete weder Gutes noch Böses darauf, weil ich nicht wußte, in wie weit ich mich auf sie verlassen konnte, da sie durch das Mitleiden, welches sie mir bezeigte, vielleicht blos in meinem Herzen lesen wollte. Auffer dieser Frau fragte ich niemanden weiter um das Vorgefallene; und niemand sagte mir von freyen Stücken etwas, weil meine Stiefmutter und mein Vater beym Mittagsessen über diesen Punct ein tiefes Stillschweigen beobachtet hatten. Meine Unruhe war selbigen Tag

ganz

ganz unbeschreiblich, weil ich nicht voraus sehen konnte, wie die Sache ablaufen würde, und weil ich bey der mir vorgeschlagenen Heirath Gewalt befürchtete. Gegen Abend hatte ich einen zweyten und sehr langen Besuch von dem Herrn von Minerbe zu ertragen. Meine Stiefmutter brachte ihn selbst in mein Zimmer geführet, worauf sie sich unter dem Vorwande einer Beschäftigung wieder wegbegab. Ich weis in der That nicht, was er mir zwo Stunden lang beständig vorschwatzete, weil ich damals so sehr auffer mir war, daß ich kaum den Schall seiner Stimme hörete, geschweige denn, daß ich auf seine lächerlichen Ausdrucke hätte Achtung geben sollen. Ich glaube, daß er mir allerhand verliebte Dinge vorsagte, und sogar von unserer Ehe redete, weil er sich unterstund, den Mann und den Liebhaber zu machen, und mich bey den Händen nahm, als wollte er sie küssen. Ich hätte ganz unempfindlich seyn müssen, wenn ich bey diesem Versuche ferner in Gedanken hätte bleiben sollen, und wenn ich ihm nicht geantwortet hätte, wie es meine Schuldigkeit war. Die Antwort war, daß ich unwillig von dem Stuhle auffstund, wo ich neben ihm saß, an ein Fenster trat, und blos zu ihm sagte, daß ich mich über ihn wunderte. Die Handlung war nicht allzuhöflich: allein er hielt sie vielleicht für einen gewöhnlichen Kunstgriff der weiblichen Widerspänstigkeit, und stund daher ebenfalls auf, um neben mich linker Hand an eben

dieses

dieses Fenster zu treten. Ich wurde es noch bey Zeiten gewahr, um eine Höflichkeit zu vermeiden, die mir höchst zuwider war, allein ich konnte sie nicht anders vermeiden, als daß ich mich noch unwilliger anstellete als zuvor, und die Hälfte von dem Fenster an mich zog, so daß ihm dadurch der Platz benommen wurde, sich neben mich hinzustellen. Dieses konnte ich nicht so genau abmessen, daß nicht ein Auftritt daraus entstund, der meine innerliche Wuth durch ein lautes Gelächter einigermassen mäßigte. Der Kopf des Herrn von Minerbe stund wegen des ansehnlichen Bogens, den seine Schultern machten, allezeit eine halbe Elle vorwärts: und das Glasfenster, welches ich mit Gewalt an mich zog, um es zuzumachen, stieß ihn dermassen vor den Kopf, daß es ihn hätte betäuben können, wenn es weniger hart gewesen wäre, und wenn es die wohlgekräusette Perücke, die dadurch in eine schreckliche Unordnung gerieth, nicht einigermassen aufgehalten hätte. Er lief sogleich vom Fenster an den Spiegel, um sie wieder zurechte zu setzen, woraus man deutlich sahe, daß ihm an der Perücke mehr gelegen war, als am Kopfe: ich aber brach in ein lautes Lachen aus, welches ich gleichwohl zurückzuhalten suchete, und bediente mich dieser Gelegenheit, zur Thüre hinaus zu gehen, wobey ich ihm sagte, daß ich eine Kammerfrau mit einem Kamme und mit Puder und Pommade herschicken wollte, damit er die durch meine Unachtsamkeit verdorbene

Fri-

Frisur wieder ausbessern könnte. Ich weis nicht, was er alleine da machte, oder was er von mir dachte, weil ich nicht wieder zu ihm kam, sondern gerade in den Garten gieng, um ihn diesen Abend nicht wieder zu sehen, den er vermuthlich mit Ausbesserung seiner Perucke zugebracht haben wird.

Vierzehnter Abschnitt.

Uebele Nachrede der Leute, wodurch Don Maximus beständig auf die Probe gesetzet wurde. Gelegenheit, mit ihm zu sprechen, welche mir ein Peruckenmacher verschafte.

Während daß diese Comödien in meinem Hause vorgiengen, so wurde ausser demselben von dem aufgebrachten Don Maximus die schrecklichste Tragödie zubereitet, die gewiß erfolget seyn würde, wenn er nicht genug Herr über sich gewesen wäre, um das Geschwätz und die üble Nachrede müßiger Leute nicht zu achten. Alle wollten seinen unvermutheten Abschied aus unserm Hause nach ihrer Art erklären; und nicht alle ließen ihm Gerechtigkeit wiederfahren. Da er in Lion ein Frember und seine Herkunft unbekannt war; mein Vater hingegen daselbst ansäßig war, und jederzeit eine ansehnliche Figur gemacht hatte: so darf man sich nicht wundern, daß jeder nach seinem Gefallen ein Vergehen erdachte. Ich weis nicht, wer der

erste

erste war, der bey dieser Gelegenheit meinen Namen nennete: allein das Geschwäz der Welt ist just wie der Nil in Aegypten, der sich durch sieben weite Mündungen ins Meer ergießt, ohne daß man bis hieher den Ursprung davon zu finden gewußt hat. Auf der Zunge der Menschen werden die Worte außerordentlich vergrössert, weil sie sich allezeit mehr lieben als die Wahrheit: und da sie besser als andere unterrichtet scheinen wollen, so setzen sie zu den Erzählungen anderer allezeit von den ihrigen etwas hinzu. In dem eine Sache aus einem Munde in den andern geht, so geschicht es, daß die Fliegen oft zu Elephanten werden: und wenn zum Exempel eine ansehnliche Person etwas unpaß ist, so kömmt die Nachricht davon nicht bis auf den Markt, ohne daß die Unpäßlichkeit gefährlich wird. Zur Gefahr setzet man den Tod, zum Tode das Begräbniß; zum Begräbnisse das Testament: also darf nur jemand sagen, daß wir krank sind, so ist es genug, daß uns andere, die es nach und nach gehöret haben, für todt und begraben halten.

In dergleichen Fällen ist wenigstens noch einiger Grund der Wahrheit, der die Vergrösserung dessen, der redet, und die Leichtgläubigkeit dessen, der zuhöret, entschuldiget: allein wie oft laufen nicht Nachrichten als unfehlbar herum, die nirgends den geringsten Schein der Wahrheit haben,

als

als blos in der boshaften Einbildung derer, die zur Schande anderer zu reden Lust haben. Ich werde niemals begreifen, was es für ein grausames Vergnügen ist, die Wahrheit zu verfälschen, die ehrwürdigsten Namen anzugreifen, und Treu und Glauben zu mißbrauchen, um nachgehends als ein Lügner überzeugt zu werden, und über eine abscheuliche Verläumdung die Reue nicht nur im Herzen sondern auch auf dem Gesichte zu tragen. Man muß, daher sagen, daß es ein Vergnügen für den Menschen sey, wenn sie täglich zum Nachtheil der Unschuldigen Erdichtungen ausbreiten hören, welche in der Dunkelheit sterben, wie sie gebohren worden, weil sie keinen Grund haben, worauf sie nur vier Tage stehen könnten. Dieses ist ein abscheuliches Vergnügen, das blos solcher Seelen würdig ist, welche im Staube gebohren, mit dem Gifte der Treulosigkeit gesäuget, in der Finsterniß der dicksten Unwissenheit gewachsen, und wie die Strassenräuber von einer verzweifelten Verwegenheit kühn gemacht worden sind, welche, da sie selbst nichts zu verlieren hat, am hellen Tage alles waget, andere auf öffentlichem Wege mit Gewalt zu berauben. Da die Plätze und die Strassen bevölkerter Städte mit solchen Mördern unsers guten Namens ganz voll sind, denen die Zunge zum Schwerdte, und die Verwegenheit zum Schilde dienet; warum verstopfen nicht ehrliche Leute die Ohren, so wie man vor einem Diebe den Schrank

H und

und den Beutel verschlüßet? Warum versagen sie nicht ihren Worten allen Glauben, und halten sie zu geschwind vor wahr, ohne sie zuvor gehörig zu untersuchen?

Allein andere mögen an sich denken, da ich in dieser Sache genug mit mir zu thun habe. Was sagte man nicht alles in Lion von mir, daß Don Maximus nicht mehr bey meinem Vater in Diensten wäre. Die Verläumder wusten so viel von mir, als ich von ihnen, die ich sie nicht einmal den Namen nach kennete: und gleichwol hatten alle, wenn man sie reden hörete, unfehlbare Nachrichten; alle hatten mit ihren Augen gesehen, und mit ihren Händen gefühlet. Die Aussagen so vieler Leute waren einander bisweilen so widersprechend, als Licht und Finsterniß: allein niemand wollte sich irren; ja ein jeder wollte so gar besser unterrichtet seyn, als der andere. Nach dem Urtheile dieser Zeitungsträger der Bosheit und des Neides war Don Maximus aus meinem Hause gejaget worden, nachdem man ihn überzeuget, daß er seit neun Monaten einen unerlaubten Umgang mit mir gehabt hätte. Der Anfang dieser überaus falschen Beschuldigung konnte glaublich seyn, wenn meine Stiefmutter so unbesonnen gewesen wäre, ihre häuslichen Erfindungen auch andern mitzutheilen; da ihr doch daran liegen muste, daß niemand als mein Vater etwas davon wuste, damit der Herr von Minerbe bey einer Ehe keine Schwürigkeiten machte, worauf sie ihre ganze Hoffnung gesetzet hatte. Allein gesetzt auch, man nähme an, daß sie so unsinnig gewesen wäre, es öffentlich zu sagen, aus was für einem Grunde sagte man denn, daß von meiner Vertraulichkeit mit dem Don Maximus schon merkliche Zeichen zu sehen wären; und warum schwur man so gar, daß ich nicht nur schwanger, sondern auch bereits Mutter wäre. Ob ich gleich keinen grossen Umgang hatte, so sah mich doch jedermann im Hause, so wohl als andere, die ihrer Verrichtungen wegen dahin kamen. Ich gieng auch bisweilen aus zu meinen Verwandten, und ich war nur noch wenig Tage zuvor durch verschiedene Straßen in der Stadt gegangen, wo ich nicht weniger bekannt war, als in meinem Hause selbst. Bey allem dem hatte man gesehen, was nicht war, und schwur auf das, was nicht seyn konnte; ich muste denn zuvor den Verstand verlohren gehabt haben. Don Maximus, der ein Zeuge von diesen Verläumdungen war, muste also stark an sich halten, um nicht zu seiner und meiner Vertheidigung etwas hartes zu unternehmen.

Er gab mir davon Nachricht, als ich ihn das erstemal wieder zu sehen Gelegenheit hatte: allein ich war von den häuslichen Unruhen zu sehr eingenommen, als daß ich dieses Geschwäz der Leute hätte achten sollen. Vor dem lächerlichem Auftritte,

tritte, der mit dem Herrn von Minerbe vorgefallen war, hörete ich nicht das geringste, weil ich nicht zum Abendessen gekommen war, und mit meinem Vater davon zu reden vermied. Den folgenden Morgen stund ich früher auf, als gewöhnlich; und es war mein Glück, weil ich mich wider dasjenige, was mir begegnen sollte, in Verfassung zu setzen Zeit hatte. Der Peruckenmacher, der meine Stiefmutter frisirte, kam gemeiniglich, wenn er mit ihr fertig war, in mein Zimmer, um zu fragen, ob ich ihn nöthig hätte: allein da ich diese Galanterie unsers Geschlechts, wegen des damit verknüpften Zeitverlustes, nicht wohl vertragen konnte: so schickte ich ihn gemeiniglich wieder fort, wie er gekommen war, ohne daß ich mich angreifen ließ. Diesen Morgen, da er mich eher aufgestanden fand, als meine Stiefmutter, erboth er sich, mich zuerst zu bedienen. Ich hatte damals mehr zu denken, als mich eine Stunde der Tortur des Feuers und des Eisens zu überlassen. Ganz gewiß war es aber mein gutes Glück, welches mich, ich weis nicht warum, sein Anerbiethen annehmen ließ; und vermuthlich that ich es, mehr um was neues zu erfahren, als gepuzter zu scheinen. Indem ich mit ihm über die vorgefallenen Dinge sprach, so bezeugete er mir ein unglaubliches Misvergnügen, daß Don Maximus nicht mehr in unserm Hause wäre, weil es, ihm erstlich bequemer gewesen wäre, ihn zu bedienen, und nachgehends, weil er diesen Kunden

auch

auch nicht so bald verlohren haben würde. Ich fragte, warum er ihn zu verlieren fürchtete, worauf er mir antwortete, daß er nach Italien zurückzugehen willens wäre. Hierzu setzte er noch, daß er sich bey mir eine Gewogenheit ausbitten würde, wenn er sich noch in unserm Hause befände. Ich fragte ihn, was es wäre, und er versetzte, daß es einen von seinen Vettern beträfe, der erst zwanzig Jahr alt wäre, und sehr gern, weil er in Lion keine Dienste hätte, mit nach Italien gehen wollte, um zu sehen, ob sich etwan sein Glück ändern wollte, wenn er die Luft veränderte. Also wolltet ihr wohl, fuhr ich fort, daß ihn Don Maximus mitnähme: was kann aber dieser Vetter machen, damit ihn auch jemand gebrauchen kann? Er kann alles machen, antwortete der Peruckenmacher; doch hat er es in keiner von allen seinen Professionen sonderlich weit gebracht. Bey der Profession, die ich treibe, hat er angefangen; und nachgehends ist er in weniger als drey Jahren nach und nach ein Schneider, ein Schuster, ein Postillon und ein Lackey gewesen. Er wird alles gleich überdrüßig, und versucht also, in der Hoffnung, sich zu verbessern, immer etwas anders. Der Charakter war seltsam genug, doch war er unter Leuten von seinem Stande nicht der einzige. Ich weis nicht, was für eine innerliche Ahndung des Zukünftigen mich antrieb, mich für ihn zu interessiren, als wenn er mir einmal nützlich oder noth-

wendig seyn sollte. Vielleicht wirkte damals in meinem Gemüthe blos das Verlangen, dem Don Maximus einige Nachricht von meinem Zustande zu geben, daß ich eine Person in meine Vortheile zu ziehen suchte, die ihm wenigstens einen Brief heimlich bringen konnte. Ich sagte daher ganz frey zum Peruckenmacher, daß ich nicht abgeneigt wäre, ein paar Zeilen für seinen Vetter an meinen Freund zu schreiben, wenn es ihm nicht beschwerlich wäre, sie ohne Wissen meiner Eltern zu überbringen. Warum sollte es mir beschwerlich seyn, Mamsell, versetzte er, da ich wol was anders thun wollte, um mir diesen Vetter vom Halse zu schaffen. Gut, sagte ich darauf, lasset Euch wieder sehen; wenn Ihr meine Stiefmutter fristret habt, so soll der Brief fertig seyn, und ich will alles mögliche thun, daß ihr euren Endzweck erreichet. Es wurde hierauf nicht mehr von dieser Sache gesprochen, weil ich bereits im Stande war, von dem Nachttische aufzustehen; daher mich der Peruckenmacher verließ, und in kurzem wieder zu kommen versprach. Als ich allein war, so fieng ich an zu überlegen, was ich dem Don Maximus schreiben wollte, das mir in meinen Umständen nützlich seyn könnte, da ich ihm so viel zu schreiben hatte, daß kein einziger Bogen nicht hinreichend gewesen seyn würde. Wenn ich ihm von allem hätte Nachricht geben wollen, so hätte ich mich wenigstens zwo ganze Stunden mit ihm unterhalten müssen: allein wie
war

war dieses zu hoffen, da er auf keine Art zu mir kommen, und ich ohne einen listigen Vorwand nicht ausgehen konnte. Das natürlichste war, diesen Nachmittag in ein gewisses Kloster zu gehen, wo ich eine Muhme hatte, die meinen Besuch schon seit einigen Tagen erwartete.

Meine Eltern würden mich sehr gern haben hingehen lassen, weil sie nichts bessers wünschen konnten, als mich meine übrige Lebenszeit daselbst eingeschlossen zu sehen, wenn ich mich nicht nach ihrem Gefallen verheirathen wollte. Der Ort war auf dem Lande, eine einzige Viertelmeile von der Stadt, und so weit von der Hauptstraße abgelegen, daß ich keine bessere Gelegenheit finden konnte, den Don Maximus heimlich zu sprechen. Nun war nur noch einiger Zweifel wegen der Personen übrig, die mich begleiten würden: allein wenn das meiste geschehen war, so fand sich vielleicht auch ein Weg, das übrige werkstellig zu machen, und ihre Wachsamkeit zu betrügen. Kurz, ich folgte diesem Gedanken, ohne fernere Betrachtungen darüber anzustellen, welche grosse Unternehmungen gemeiniglich aufhalten, indem sie die Hitze der verzweifeltsten Entschlüssungen durch eine langsame und kalte Vorsichtigkeit mäßigen.

H 4   Fünf-

Funfzehnter Abschnitt.

Brief, den ich an den Don Maximus schrieb. Unterredung mit meinem Vater und meine Reise in das Kloster N. N.

Mit dem Gedanken überhaupt, den Don Maximus sprechen zu wollen, ohne die Folgen davon voraus zu sehen, legte ich die Hand an die Feder und schrieb ihm folgendes Billet.

Liebster Freund,

Geben Sie Achtung, ob ich heute in das Kloster N. N. gehen werde; und wenn es geschiehet, so kommen Sie sogleich in das Wirthshaus daselbst, das, wie Sie wissen, nicht weit davon ist. Bringen Sie den jungen Menschen mit, den Ihnen der Ueberbringer dieses vorstellen wird; doch suchen Sie Sich beyde ein wenig verborgen zu halten. Wenn mir diese Gelegenheit fehl schlägt, Ihnen mein Herz zu eröfnen, so gebe ich alle Hofnung auf, Sie jemals wieder zu finden. Versäumen Sie sie daher nicht, und seyn Sie versichert, daß ich mit aller Hochachtung bin

D. A.

Der Peruckenmacher kam zur bestimmten Zeit, um seine Commißion auszuführen. Ich übergab ihm

ihm das Billet, und bath ihn, es geschwind zu überbringen, worauf ich meinen Vater aufsuchte, um ihn um Erlaubniß zu bitten, diesen Nachmittag meine Muhme zu besuchen, welche diese Höflichkeit schon seit verschiedenen Tagen von mir erwartete. Ich fand ihn bereits ganz angekleidet, als wenn er ausgehen wollte, und er war eben beschäftiget, eine Menge goldne Münze in einen Beutel zu thun. Dieses ist ein merkwürdiger Umstand, den ich nicht weglassen kann, weil es zu meinen folgenden Begebenheiten nicht wenig beytrug. So bald er mich gewahr wurde, so vergaß er, was er in Händen hatte, weil er mit den Gedanken, die ich ihm verursachte, zu sehr beschäftiget war. Er ließ also den Beutel mit dem Gelde auf dem Tische liegen, und empfieng mich mit den empfindlichsten Verweisen. Er wunderte sich, daß ich ihm vor die Augen zu kommen mich unterstünde, nachdem ich dem Herrn von Minerbe den vorigen Abend in meiner Stube so ungezogen begegnet hätte. Er versicherte mich, daß ich ihn entweder heirathen, oder in drey Tagen in ein Kloster gehen müste. Hierzu setzte er, daß er meinetwegen die Fabel der Stadt und der Spott derer so gar geworden wäre, welche er in seinem Brode hätte. Auch gab er mir alleine die Schuld, daß Don Maximus den Respect gegen ihn verlohren hätte; weil er nicht so verwegen gegen den Vater gewesen seyn würde, wenn nicht zwischen ihm und der Tochter eine große Vertraulichkeit geherrschet hätte. Endlich fügete er noch hinzu, daß mein Fehler ganz unläugbar, und mein Urtheil unwiderruflich wäre; daß Don Maximus erfahren sollte, mit wem er zu thun hätte, und daß er es in kurzem bereuen sollte, seine Nachsicht auf eine so niederträchtige Art gemißbrauchet zu haben.

Das Rad einer Mühle, welches von dem rauschenden Wasser herumgetrieben wird, geht nicht so geschwind, als mein Vater die angeführten Drohungen aussprach. Er schien ganz außer sich zu seyn, und die Worte folgten so geschwind auf einander, daß ich die Stärke derselben einzusehen gar nicht Zeit hatte. Weil er nun in diesem Zustande war, so antwortete ich ihm nicht das geringste, sondern sagte blos zu ihm, daß ich diesen Nachmittag in das Kloster gehen wollte, um meine Muhme zu besuchen. Er mußte sie nothwendig auf seine Seite gebracht haben, weil er sogleich antwortete: da wollte ich dich eben haben: geh nur sogleich hin, und komm mir niemals wieder vor Augen. Als er dieses gesagt hatte, so kehrete er sich um, gieng hinunter, stieg in die Kutsche, die man für ihn angespannt hatte, und fuhr fort, ich weiß nicht wohin, ohne sich weiter umzusehen.

Seine

Seine Worte und sein unwilliges Weggehen, machten mich so unbeweglich als eine Statue: in meinem Herzen aber war ich äußerst aufgebracht und böse. Ich ließ meine Augen herumgehen, um gleichsam einen Gegenstand zu finden, woran ich meinen Zorn auslassen könnte, und der Sack mit dem Gelde fiel mir in die Augen, den mein Vater auf dem Tische hatte liegen lassen, ohne es in der Hitze seines Zorns gewahr zu werden. Ohne zu wissen, was ich damit machen wollte, und wozu er mir nöthig seyn könnte, nahm ich ihn ohne Bedenken, und steckete ihn, ob er gleich ziemlich schwer war, in die Tasche; worauf ich wieder in meine Stube zurückgieng, und mein widriges Schicksal verfluchte. Daselbst blieb ich drey ganze Stunden ganz unbeweglich, gleich als wenn ich betäubet wäre, ohne zu sehen, was außer mir und in mir vorgieng. Alles war Finsterniß für meine beunruhigte Einbildung; alles Gefahren eines bevorstehenden Untergangs, und alles verzweifelte Entschlüssungen, von welchen ich allein einige Erleichterung hoffete. Alles was ich in meinem Herzen erwägete, kam auf zween Puncte an, davon ich nicht einen Schritt abweichen wollte, ob ich mir gleich den Tod vor Augen zu haben vorstellete. — Den Herrn von Minerbe zu heirathen, war gewiß nicht meine Sache; vielleber hätte ich mich in eine Mauer einschliessen wollen. Also bin ich ein unglückliches Mädgen, rufte ich, ganz rasend aus. Was sollst

sollst du also anfangen, um dich zwo so grausamen
Bedingungen zu entziehen.

Der Himmel sey mein Zeuge, daß ich in meiner
damaligen Bestürzung keinen gewissen Endschluß
fassen konnte, und meine Zeit blos mit bittern Klagen verlohr. Ich glaube, daß ich auf diese Art
bis in die späte Nacht fortgefahren wäre, ohne
weder an den Don Maximus noch an das Kloster
zu denken, wohin ich ihn bestellet hatte, wenn nicht
meine Stiefmutter gekommen wäre, und mir gesaget hätte, daß mein Vater diesen Mittag nicht zu
Tische käme, um sich nicht über mich zu ärgern, und
daß er mir die Erlaubniß gäbe, in Gesellschaft der
alten Hofmeisterin zur Muhme zu fahren, in der
Hoffnung, daß ich nach meiner Zurückkunft gehor-
samer und klüger seyn würde. Diese Worte, die
meinen Geist einigermaßen zu ermuntern schienen,
beantwortete ich blos mit finstern Blicken: worauf ich die Kammerfrau rufte, und ihr befahl, eine Kutsche anspannen zu lassen, und der Hofmeisterin zu sagen, mich in besagtes Kloster zu begleiten.
Die Kammerfrau gieng sogleich, meine Befehle
auszurichten, meine Stiefmutter aber fragte mich,
warum ich nicht erst essen wollte. Ich antwortete
ihr darauf, daß ich mehr Lust zu ruhen als zu essen hätte: und hier endigte sich unsere Unterredung,
weil sie meine schleunige Abreise vielleicht mehr wün-
schete, als ich.

Als

Als ich mich allein sahe, so stund ich auf, um mich zurechte zu machen: allein, ich wußte selbst nicht, was ich wollte. Ich fühlete eine Bewegung im Blute, eine Unruhe im Geiste, und eine gewisse Dummheit in allen Empfindungen des Körpers, welche mich unfähig machte, zu überlegen, was ich that, daher ich wie eine Uhr blos mechanisch handelte. Ich machte einen Schrank auf, um ein Kleid herauszunehmen, und schloß ihn auch wieder zu, ohne es gethan zu haben. Da mir nachgehends ganz unversehens meine Diamanten in die Hände fielen, welche ich zu meinem Gebrauche hatte, und die von keinem geringen Werthe waren, so zierete ich mir ohne alle Ordnung den Hals, die Ohren, die Finger, die Brust und den Kopf damit, als wenn ich in die feyerlichste Versammlung gehen sollte. Ich wollte auch noch ein ander Kleid anziehen: allein da ich in der Wahl nicht einig werden konnte, so machte ich so lange, bis die Hofmeisterin kam, und mir sagte, daß alles fertig wäre. Ich nahm daher geschwind ein langes seidenes Oberkleid, dergleichen man auf der Reise zu tragen pflegt, um die andern Kleider vor dem Staube zu verwahren, zog es an, und gieng die Treppe hinunter, um in die Kutsche zu steigen, ohne von jemanden im Hause Abschied zu nehmen.

Die

Die Kutsche stund vor der Thür: und da ich meine Augen auf den Kutscher richtete, so fand ich, daß es einer war, der mich sonst niemals zu bedienen pflegte. Dieses war ein alter Kerl vom Hause, dem der Wein treflich gut schmeckte, so daß er die wenigste Zeit nüchtern war. Der Himmel helfe uns, sagte ich zur Hofmeisterin, so bald ich ihn sahe: sie verstund mich, und antwortete mir scherzend, daß ich nichts fürchten sollte, weil er diesen Morgen noch nicht getrunken hätte. Ich stieg also in die Kutsche, und die Alte setzete sich neben mich: ein Bedienter wollte hinten auffsteigen; allein ich sagte zu ihm, daß es nicht nöthig wäre, und daß er nur seine andern Verrichtungen abwarten sollte. In weniger als einer Stunde kamen wir in das Kloster, wo ich abstieg, und den Kutscher auszuspannen befahl, weil ich mich bis gegen die Nacht daselbst aufhalten wollte; auch sagte ich ihm, daß er sich in dem nächsten Wirthshause zu essen und zu trinken sollte geben lassen, und daß ich für ihn und für die Pferde alles bezahlen wollte. Die Muhme nahm mich mit aller möglichen Zärtlichkeit auf, und da sie hörete, daß wir noch nicht zu Mittage gespeiset hätten, so entfernete sie sich von uns, um den Tisch zurechte machen zu lassen, und ließ mich in Gesellschaft aller der Personen,

nen, die sich wegen meiner unvermutheten Ankunft um mich versammlet hatten.

Sechzehnter Abschnitt.

Meine Unterredung mit dem Don Maximus: Maasregeln für die folgende Nacht, welche ich bey meiner Muhme zuzubringen beschloß.

Ehe wir uns zu Tische setzten, sagte mir meine Muhme, daß sie von unsern häuslichen Unruhen völlig unterrichtet wäre. Sie stellete sich, als wenn sie für mich eingenommen wäre, und rieth mir, daß ich thun sollte, als wollte ich bey ihr im Kloster bleiben, oder wenigstens nur so lange, bis sich meine Umstände durch die Zeit in etwas änderten. Aus ihren Worten konnte ich ihre geheime Absichten, die dahin zieleten, mich nach und nach zu verführen, mich dem Willen meines Vaters gefällig zu erzeigen, sehr wohl errathen, und war sogleich bereit, List mit List abzuwenden. Ich sagte daher zu ihr, daß ich die Sachen überlegen wollte, und vielleicht noch diesen Abend einen Endschluß fassen würde. Meine Gedanken waren, mit dem Don Maximus zu sprechen, und zwar so, daß sie nichts davon merkte. Da ich

mich

mich zu Tische setzte, so gieng die alte Hofmeisterin fort, um an einem andern Orte mit ihres gleichen zu speisen, so daß ich sie selbigen Tag nicht wieder zu sehen bekam. Meine Muhme war mit den Geschäften ihres Hauses zu sehr beschäftiget, als daß sie immer bey mir seyn konnte, zumal da sie nicht den geringsten Verdacht hegete. Nach Tische belustigte ich mich mit einigen jungen Nonnen, deren Gedanken noch mehr außer dem Kloster waren, als die meinigen. Hierauf gieng ich unter dem Vorwande heraus, im Wirthshause nachzusehen, ob meine Pferde und der Kutscher mit allem nöthigen versehen wären.

Kaum hatte ich ein paar Schritte gethan, so näherte sich mir ein junger Mensch von gutem Ansehen, und von höflichen Manieren, der sich umsahe, und zu mir sagte, ob ich etwa den Don Marinus suchte. Dieses war genug, in ihm den Vetter meines Peruckenmachers zu erkennen und einzusehen, daß Don Maximus im Wirthshause wäre, und auf mich wartete. Ich antwortete daher ganz kurz: ich habe Euch verstanden, mein Freund! jetzt sind zwey Dinge zu thun nöthig. Ihr müsset meinen Kutscher betrunken zu machen suchen, der sich nicht lange dazu wird nöthigen lassen, und wenn es nöthig wäre, wohl einen ganzen Eymer aussöffe: Don Maximus aber soll um den Garten dieses Klosters herumgehen, bis er ein Taubenhaus nebst
gewis-

gewissen Löchern in der Mauer findet, wo man hinaus sehen kann, und da soll er mich erwarten. Fricassen, so hieß der junge Mensch, mit dem ich redete, verstund mich sogleich, und lief eiligst fort, so daß ich in wenig Minuten wieder bey der Gesellschaft war, von welcher ich mich getrennet hatte. Was die ihm gegebene Commißion anlanget, so war ich in diesem Garten bekannt, weil ich vielmals darinne gewesen war, und also ganz zuverläßig alles wußte. Die Maasregeln waren bey meinen Umständen nicht übel genommen; und vielleicht würde ich keine bessere ergriffen haben, wenn ich auch noch so lange darauf gedacht hätte.

Glücklicher Weise waren damals die heißesten Stunden der Tage im August, in welchen meine Muhme und die andern angesehenen Personen des Klosters gemeiniglich Mittagsruhe zu halten pflegten. Als man mich fragte, ob ich ebenfalls schlafen wollte, so sagte ich nein, und forderte nur ein Buch, um mich beym Spatzierengehen im Garten zu unterhalten, wo ich mich, um andern nicht beschwerlich zu fallen, ein wenig aufhalten wollte. Man brachte mir das Buch, und überließ mich meinem Willen, weil man von allem dem, was ich im Sinn hatte, nicht das geringste vermuthen konnte. Durch schattigte und krumme Wege gieng ich bis an erwähnten Taubenschlag: allein ich dachte, ich sollte außer mir werden, als ich das Loch, worauf

auf ich alle meine Hoffnung gesetzet hatte, zugemauert fand. Mein Glück war es, daß ich bey den verzweifeltsten Fällen nicht alle Hoffnung aufgab: und da ich versuchte, ob kein Mittel vorhanden wäre, so fand ich, daß die Ziegelsteine, womit das Loch zugemacht war, ohne Kalk blos aufeinander gelegt wären; daher sie bey dem ersten Stoße herausfielen, daß ich den Don Maximus sehen konnte, der just in dem Augenblicke ankam.

Die Bestürzung und die gegenseitige Verwirrung, welche dieser Anblick in uns hervorbrachte, ließ sich nicht so leicht beschreiben; und es würde auch unnütze seyn, wenn man sie beschreiben wollte, da man etwas bessers zu sagen hat. Ich war von den Schwachheiten unsers Geschlechts nicht sonderlich eingenommen. Don Maximus war ein Mensch, der bey allen Vorfällen über seine Gemüthsbewegungen Herr war. Wir hatten beyde keine Zeit mit unnützen Reden zu verderben, und unsere Umstände waren zu dringend, als daß wir unnöthiger Weise hätten plaudern sollen. Was machen Sie hier, Mamsell? sagte er zu mir. Ich antwortete ihm: was rathen Sie mir? Der Himmel behüte mich, versetzte er wieder, daß ich Ihnen rathen sollte, weil ich Ihnen als ein Verzweifelter rathen würde, und weil ich befürchte, daß Sie es ehnmal bereuen möchten, meinen Rathschlägen Gehör gegeben zu haben. Ich bin bey Ihrem Unglücke

cke, welches mir ganz unermeidlich scheint, so empfindlich, daß ich nicht das Herz habe, es mit anzusehen: ich will daher blos auf das freundlichste von Ihnen Abschied nehmen, weil ich diese Nacht nach Italien zu gehen Willens bin, so daß ich vielleicht niemals mehr etwas von Ihnen hören werde. Sie wollen nach Italien gehen, versetzte ich darauf, und wollen mich in Gefahr meines Lebens, oder meiner Freyheit lassen, ohne mir als ein Freund beyzustehen! Ach! die Welt mag von meinen Handlungen sagen, was sie will; sie wird gewiß nichts schlimmers sagen, als was sie bereits ohne Grund gesagt hat. Da einmal die Achtung des Publikums verlohren gehen muß, so gehe sie wenigstens durch einen entschlossenen Schritt verlohren, der meine Freyheit und meine Ruhe in Sicherheit setzet. Sie gehen nach Italien, und ich bin entschlossen, mit Ihnen zu reisen, wenn Sie mich anders mitnehmen, und an meinem Schicksale Antheil nehmen wollen. Himmel! antwortete mir Don Maximus, wo wollte ich nicht mit einer solchen Gefährtin hingehen; und was wollte ich nicht thun, wenn sie freywillig mitgienge, ohne meinen Rathschlägen die Schuld beyzumessen. Es ist in Ihrem Falle nichts anders zu thun; und ich würde es Ihnen schon längst gerathen haben, wenn ich nicht Ihre Tugend zu beleidigen befürchtet hätte. Was für eine Tugend, versetzte ich darauf: ehe die kluge Welt über die Tugenden und Fehler urtheilen will, so muß sie zuvor die Umstände untersuchen, welche machen, daß wir tugendhaft oder strafbar scheinen. Mein künftiges Betragen wird so beschaffen seyn, daß das Gegenwärtige dadurch gerechtfertigt wird; und so lange der große Streit noch unentschieden ist, so mag die Welt immerhin sagen, was sie will; wenn ich nur nicht auf eine grausame Art zu leben und zu sterben genöthiget bin, wie es andere verlangen. Nach Italien, mein Freund, nach Italien, es mag mir gehen, wie es will: ich werde unveränderlich gegen Sie so gesinnet seyn, wie Sie gegen mich. Hiervon wollen wir jetzt nicht sprechen, versetzte Don Maximus, weil Sie mich hinlänglich kennen, und weil ich Ihnen allzuviel Verbindlichkeit schuldig bin: allein da Sie mit mir nach Italien kommen wollen, wie wollen wir eine Flucht bewerkstelligen, die, wenn sie unterbrochen werden sollte, unser Untergang seyn könnte? Dafür will ich sorgen, versetzte ich darauf; ja ich habe bereits dafür gesorget, ohne daß ich ein solches Unternehmen auszuführen im geringsten willens war. Ich will Ihnen mit wenig Worten den Plan mittheilen, und es kömmt blos auf Ihre Klugheit an, ihn ohne unsere Gefahr auszuführen. Sie

müssen

müssen machen, daß mein Kutscher recht besoffen wird; und den Leuten im Wirthhause müssen Sie sagen, daß Sie zu mir gehören, ob Sie gleich erst nach mir angekommen sind. Ich will mich bereden lassen, diese Nacht hier zu bleiben, um mich mit einem betrunkenen Kutscher auf der Rückreise nach Lion nicht in Gefahr zu setzen. In der Nacht müssen Sie Sich nebst Fricassen bemühen, dieses Loch größer zu machen, so daß ich auf irgend eine Art durchkommen kann. Wenn dieses geschehen ist, so überlassen Sie mir das übrige. Gehen Sie nun geschwind fort, damit mir keine Zeit übrig bleibt, über meine Entschliessung weiter nachzudenken, welche in diesem Falle um so viel besser seyn würde, je weniger ich sie in Erwägung ziehe.

Ich sagte weiter nichts, und entfernete mich geschwind von dem Taubenschlage, weil einige Nonnen kamen, und mich suchten, um mir Gesellschaft zu leisten. Ein paar Stunden darnach schickte ich nach dem Kutscher, daß er anspannen sollte. Man brachte mir aber die Antwort, daß er sich so betrunken hätte, daß er nicht auf den Füßen stehen könnte, und hart und feste schliefe. Ich that, als wenn ich äußerst ungehalten darüber wäre, und gab meiner Muhme Gelegenheit, mir zu rathen, diese Nacht da zu bleiben. Ich gab ihrem und anderer Bitten nach, als es mir schien, daß ich mich lange genug hatte bitten lassen, um den Betrug zu beschönigen: ins Wirthshaus aber ließ ich sagen, daß ich in der Nacht noch fort wollte, so bald der Kutscher ausgeschlafen hätte; und den Nonnen machte ich weis, daß ich mit Fleiß so sagete, damit er nicht von neuem trinken möchte, wenn er wüßte, daß er bis auf den folgenden Morgen schlafen könnte.

Ende des ersten Theils.

Die
Französin in Italien
Zweyter Theil.

Die Französin in Italien.
Zweyter Theil.

Erster Abschnitt.

Meine Flucht aus dem Kloster und aus Frankreich. Unruhe, welche sie in mir erregete, nachdem ich sie so kühn ausgeführet hatte.

Die menschlichen Zufälle sind eine lange Kette von vielen Gliedern, die so unzertrennlich an einander gehänget sind, daß das letzte nothwendig von dem ersten abhänget, ob es gleich bisweilen ausserordentlich weit davon entfernet ist. Wie viele sterben vornehm, die in dem niedrigen Stande gebohren worden sind! Wie viele wer-

werden reich gebohren, die endlich in den elende-
sten Umständen sterben! Die Niedrigkeit und das
Elend sind aber zwey Extrema, die dem Vermögen
und der Größe ganz entgegen gesetzet sind: und wie
hängen sie doch so von einander ab, daß eine einzige Person in dem kurzen Laufe ihres Lebens oft
die Wirkungen davon erfährt? Selten kömmt man
in einem Sprunge von dem untersten Ende bis auf
den Gipfel. Das Hinaufsteigen so wohl als das
Herabsteigen hat seine Stuffen, wie die Treppen,
wo eine einzige nicht hinreichend ist, die Stellung
zu verändern. Sie werden alle dazu erfodert,
und gleichwol hängen alle zusammen von einer jeden insbesondere ab. Wenn jemand auf den
Grund eines schrecklichen Abgrunds gekommen ist,
so richtet er oft seine erstaunten Augen auf die Hö-
he, von welcher er herabgefallen ist, und fragt sich
heimlich selbst: wie habe ichs doch gemacht, daß
ich so weit herabgestürzet bin? Wenn man blos
die äussersten Enden betrachtet, so scheint der
Sprung unglaublich zu seyn: allein wenn man den
ersten Fehltritt in Erwegung zieht, und die andern
abmißt, welche nach und nach darauf folgen, so
wird der Sturz so nothwendig, daß es nicht anders geschehen konnte, ohne die unvermeidlichen
Verbindungen des Zufalls ganz zu verändern.

Dieses

Dieses war mein Fall; ich war bereits zu einer Flucht geneigt, die mir wegen meiner Denkungsart und meines Standes ganz unglaublich zu seyn schien. Für den Don Maximus fühlete ich nicht einmal den ersten Anfang einer wahren Leidenschaft. Ob ich gleich das ungegründete Geschwätz des Pöbels nicht sonderlich achtete, so war ich doch weit entfernt, ihn um Kleinigkeiten meinen Namen in den Mund zu legen. Durch viele und anhaltende Betrachtungen hatte sich mein Geist eine bewundernswürdige Fertigkeit erworben, sich nach den vorkommenden Umständen zu richten: und gleichwohl ließ er sich von den Umständen leiten, einen Schritt zu thun, wozu ich mich, da er bereits gethan war, nicht fähig hielt. Ich will nicht sagen, daß mich eine unglückliche Constellation an diesem merkwürdigen Tage beherrschete, weil dergleichen Vorurtheile meinen Verstand niemals eingenommen haben. Das aber will ich sagen, daß ich mich aus dem väterlichen Hause und aus dem Vaterlande in Gesellschaft eines Menschen zu fliehen entschloß, an den mich ganz und gar kein Band der weiblichen Zärtlichkeit verknüpfte, ohne recht deutlich einzusehen, was ich that; und daß mich, da ich innerlich fühlete, daß ich nicht anders handeln könnte, eine geheime Kraft meines Schicksals zur Flucht hinriß. Alles dieses waren Wirkungen eines von den Gemüthsunruhen verfinsterten Verstandes, deren Finsterniß ihn nicht so sehr verblendet haben würde, wenn er sie gleich

Anfangs vertrieben hätte, um alle die Schritte einzeln zu betrachten, wozu ihn seine freywillige Blindheit unvermerkt führete. Die Boßheit der Stiefmutter, die Schwachheit des Vaters, die Freundschaft des Don Maximus, unsere geheimen Zusammenkünfte, der Beutel mit dem Golde, wovon ich Besitzerin war, der Beystand von Fricassen, und der Mangel einer strengen Aufsicht waren alles an sich unmerkliche Schritte, welche mir, da ich die verhaßte Heirath mit dem Herrn von Minerbe eingehen sollte, einen Sprung erleichterten, wozu ich nicht verwegen genug zu seyn glaubte. Dem sey aber wie ihm wolle, ich habe ihn gethan, und wenn dieses nicht hinreichend ist, ihn zu entschuldigen, so will ich mit Leuten sagen, die weniger von Vorurtheilen eingenommen sind, daß es so gehen muste, wenn ich zu der Glückseligkeit meines gegenwärtigen Standes gelangen wollte. Der Ausgang rechtfertigt blos die Handlungen der Menschen, weil man auch die glücklichen Ausschweifungen des Zufalls gemeiniglich zum Lobe der menschlichen Klugheit ausleget. Der Befehlshaber einer Armee wagt auf eine verzweifelte Art eine Schlacht wider alle Regeln der Kriegskunst; das Glück der Waffen ist ihm günstig, und er wird sogleich für einen großen Feldherrn gehalten, da man ihn doch blos einen glücklichen Wagehals nennen sollte. Ein Gelehrter ist kein Schmeichler, er ist nicht stolz, und bettelt nicht an den Tischen anderer um Beyfall;

fall; sondern ist mit sich selbst zufrieden, handelt nach seiner Einsicht, und läst andere Leute reden, was sie wollen: gleichwohl werden ihm täglich von der Welt Ungerechtigkeiten angethan, und anstatt daß man ihn unglücklich nennen sollte, so nennet man ihn unvorsichtig. Auch von mir bin ich versichert, daß nicht alle nach meinen Verdiensten ein günstiges Urtheil sprechen werden, indem sie blos den Anfang meiner Begebenheiten betrachten: allein es ist mir schon genug, daß sie mich nicht verachten können, wenn sie das Ende ansehen.

In dem Kloster herrschete bey der Finsterniß der Nacht ein tiefes Stillschweigen, und alle waren überzeugt, daß ich nicht eher als den folgenden Morgen abreisen würde. In dem benachbarten Wirthshause schlief mein Kutscher hart und fest; doch aber konnte man einigermaßen vermuthen, daß ich mit dem Don Maximus und Fricassen, die ebenfalls für meine Bedienten gehalten wurden, noch selbige Nacht nach Lion zurückkehren könnte. Diese hatten sich unterdessen unter dem sehr wahrscheinlichen Vorwande, die kühle Nachtluft auf den benachbarten Feldern zu genießen, dem erwähnten Taubenhause genähert, und brachen an der schwachen Mauer, um mir durch das Loch den Ausgang zu erleichtern. Da ich sahe, daß ich alleine war, so begab ich mich heimlich an den Ort, wo ich erwartet wurde, und leistete meinen Arbeitern mit

mei-

meinen eigenen Händen keine geringe Hülfe. Dieses Taubenhaus war nicht der babylonische Thurm, um der Gewalt und dem Eifer zu widerstehen. Da es von allem Anfange nicht allzufeste gewesen, und von der Länge der Zeit baufällig geworden war, auch von sechs Armen inwendig und auswendig bestürmet wurde, welche die Steine in aller Stille wegrissen: so wurde in weniger als einer halben Stunde eine Oeffnung gemacht, durch welche ich mich in Freyheit setzen, und ohne anderer Wissen nach meinem Gefallen hingehen konnte, wo ich hin wollte. Nachdem ich mich mit meinen Befreyern vereiniget hatte, so gieng ich von dem Kloster ins öffentliche Wirthshaus, als wenn man mir die Thür ausdrücklich geöffnet hätte. Es war noch nicht so spät, daß man bey meinem Weggehen einige Gewaltthätigkeit vermuthen konnte; überdieses wußte man, daß ich nach Lion zurückkehren mußte, und daß ich blos durch des Kutschers Schuld vor Abends nicht zurückgekehret war. Die Kühnheit hat jederzeit den großen Vortheil gehabt, daß auch die listigsten dadurch betrogen worden sind; und blos meine Kühnheit konnte mich in den Stand setzen, meine Flucht auszuführen. Als ich in dieses Wirthshaus kam, so fragete ich ganz frey, ob mein Kutscher noch nicht aufgewachet wäre. Als man mir mit nein antwortete, so that ich etwas ungedultig, und sagte, daß ich mich gern dieser kühlen und heitern Nachtzeit bedienet hätte, um

mich

mich wieder nach Lion zu begeben. Don Maximus und Fricassen, die meine Absichten vortreflich unterstützeten, stelleten sich äusserst unruhig darüber, und thaten, als wenn sie den Kutscher aufwecken wollten, weil sie hoffeten, daß er nunmehro im Stande seyn würde, mich nach meinem Willen zu bedienen. Ich hielt sie aber der vor kurzem genommenen Abrede zufolge zurück, und fragte Fricassen, ob er wohl das Herz hätte, meine Kutsche zu fahren, ohne mich unterwegens umzuwerfen. Das wäre zum Lachen, Mamsell, antwortete mir dieser Verschlagene, daß ich das nicht sollte thun können. Wissen Sie wohl, daß ich in der Profession gebohren bin, und daß ich sie auch zuweilen in Ihrem Hause zu meinem Ruhme ausgeübet habe. Ich will sogleich gehen, die Pferde anzuspannen, und Sie sollen sehen. Die Leute im Wirthshause gaben seinen Worten Beyfall, welches ein offenbares Zeichen war, daß seine Reden nicht den geringsten Verdacht erwecket hatten. In wenig Augenblicken waren die Pferde angespannet, Fricassen nahm die Zügel in die Hand, und ich stieg in die Kutsche, und Don Maximus setzte sich neben mich: und nachdem ich in dem Wirthshause den Befehl gelassen hatte, daß der Kutscher zu Fuße nach Lion kommen sollte, wenn er den Rausch ausgeschlafen hätte, so entferneten wir uns in einem Augenblicke von diesen Gegenden, wo man nicht

wis-

wissen sollte, wohin wir unsern Weg genommen hatten.

Als wir das Kloster und das Wirthshaus aus dem Gesichte verloren hatten, so hielt mein Fuhrmann still, um mich zu fragen, was für einen Weg er nehmen sollte, da er unsere Absichten nicht wußte. Eine jede Straße ist gut für uns, antwortete hier Don Maximus, wenn sie nur diese drey Eigenschaften hat, daß sie von den Heerstraßen entfernt ist, daß sie nach Piemont führet, und daß sie uns bey Anbruche des Tages in den Stand setzet, die Post zu nehmen; denn mit diesen Pferden würde es sehr langsam gehen, und wir würden nicht weit kommen. Ich habe alles verstanden, antwortete Fricassen, verlassen Sie sich auf mich, und ich hoffe Ihnen zu zeigen, daß ich die Kunst herum zu irren vortreflich verstehe. Wir mußten uns nothwendiger Weise auf ihn verlassen, weil er mehr davon wußte, als wir, und uns bis dahin Beweise einer großen Munterkeit und vollkommenen Klugheit gegeben hatte. Indem er uns so geschwind fortfuhr, als unsere Pferde laufen konnten, so blieben wir eine lange Weile stumm, unbeweglich und verwirrt, sahen einander an, als wenn wir nicht wüßten, wo wir wären, und glaubten gar im Traume zu seyn. Unsere Gedanken mochten wohl ziemlich einerley seyn: allein nur von den meinigen bin ich Rechenschaft zu geben im Stande. Ich betrachtete mich

als

als eine Flüchtige und Herumirrende in der Gewalt eines jungen Menschen, den ich nicht länger als einen einzigen Tag kennete, und in der Gesellschaft eines Freundes, auf den ich nicht die geringste Absicht hatte. Die Absichten, die er auf mich haben konnte, wußte ich jedoch nicht, ob ich ihn gleich unfähig hielt, von unserer Freundschaft einen Mißbrauch zu machen. Meiner Stiefmutter und meinem Vater that ich einen Possen, den sie geschwind merken mußten, den sie aber nicht so geschwind vergessen würden. Indem ich ihnen eine Tochter raubete, so raubete ich ihnen zugleich die Kutsche und die Pferde, keine kleine Summe Geldes, und Edelsteine von nicht geringem Werthe, welche in meinem Falle meine ganze Hoffnung waren, und in seinem vielleicht zur größten Verzweifelung Anlaß gaben. Indem sich diese traurigen Gegenstände meiner Einbildung in dem schrecklichen Gesichtspuncte alle auf einmal vorstelleten, so betäubeten sie mich dermaßen, als wenn ich unempfindlich wäre, und ließen mich nicht entscheiden, ob ich mit mir selbst zufrieden wäre; oder ob mich mein Betragen jetzt reuete. Diese Reue fürchtete Don Maximus mehr als alles übrige, weil er mich zuerst aus meiner Unempfindlichkeit riß, und zu den wechselsweisen Betrachtungen Gelegenheit gab, welche meinen Geist nach und nach aufheiterten, und ihn in Stand setzten, das wohlangefangene Unternehmen glücklich zu endigen.

K Zwey

Zweyter Abschnitt.

Project, welches wir in der Nacht unterwegens machten, und meine Gesinnungen in Ansehung der Heirath, welche mir Don Maximus vorschlug.

Wie geht es Mamsell? fieng mein Freund an: Sie sehen mich an und sagen kein Wort, da sie doch nunmehro, dem Himmel sey Dank, in Ihrer eigenen Gewalt sind. Vor kurzem waren Sie so kühn, und jetzt sind Sie so bestürzt. Sollte ich wohl die Wahrheit errathen haben, und sollten Sie es wohl bereuen, mich nicht angehöret zu haben. Nein, Don Maximus, antwortete ich ihm, meine Entschliessungen gereuen mich nicht: denn wer klug ist, der muß entweder seine Schritte niemals bereuen, oder keinen einzigen wagen. Auch die Folgen von meinem Unternehmen machen mir keine Furcht, ob sie gleich die menschliche Klugheit nicht alle vorhersehen kann. Diese Betäubung ist eine innerliche Empfindung der Natur, welche, da sie gleichsam von einem Blitze gerühret ist, ein wenig Ueberlegung nöthig hat, um das Schrecken zu vertreiben. Ich bin Herr über mich, ich bin frey von der Gewalt der Eltern und habe hinlänglich Verstand, um mich über das Geschwätz der Welt wegzusetzen, und ihre Thorheiten zu verlachen; ich habe auch Geld, so viel als nöthig ist, um mich an einen sichern Ort

zu

zu führen, um einige Zeit eine anständige Figur zu machen; endlich habe ich auch einen Freund an der Seite, von dem ich mir alles versprechen kann, und der einer unbekannten und fremden Reisenden ein anständiges Ansehen geben kann. Allein wo werden Sie mich hinführen, liebster Freund? Was wird aus mir werden, wo Sie mich hinführen, und was werden wir auf dem großen Schauplatze der Welt für einen Charakter annehmen, damit sie nicht übels von uns denke, indem wir uns zu unserer Sicherheit vor ihr verbergen wollen? Dieses sind die drey Fragen, die ich an mich thue, und die mich betäubt und unbeweglich machen, weil mich die Antworten, die ich mir darauf gebe, nicht befriedigen, da ich die Zukunft nicht voraus sehe. Dieses ist nicht etwa eine gegenwärtige Reue, es ist blos die Furcht einer zukünftigen, der man entgegen gehen muß, um sie in Zeiten zu vermeiden, wenn man sich auf dem Wege des Lebens nicht nach Gefallen des Schicksals führen lassen will. Lassen Sie uns mit einander über diese drey Puncte Betrachtungen anstellen, nicht etwa aus der Ursache, als wenn wir einen einzigen Schritt zurücke weichen wollten, sondern damit uns unsere Schritte nicht blindlings an einen Abgrund führen. Meine Eltern mögen an sich selbst denken, und die Nachricht von meiner Flucht aufnehmen, wie sie wollen. Meiner Meynung nach werden sie mehr Ursache haben, sich zu schämen, als Lärm darüber zu machen; allein gesetzt auch, sie brächten es dahin, uns die Schuld alleine beyzumessen, so wollen wir uns doch nicht selbst strafbar machen, und ihnen, über unser Betragen zu lachen, Gelegenheit geben. Das Vergangene verursachet mir nicht die geringste Unruhe, wenn ich versichert seyn kann, daß mir das Zukünftige keine Schande macht; um aber hiervon versichert zu seyn, so müssen wir jetzt mit alle dem Verstande daran denken, dessen wir beyde nur fähig sind.

Lassen Sie uns also daran denken, versetzte Don Maximus, allein ich sehe meines theils weder viel Schwierigkeit, noch viel Gefahr. Italien ist nicht weit, und so bald wir uns der Post bedienen können, so werden Sie in wenig Tagen da seyn, ohne bey jemanden den Verdacht zu erwecken, als wenn sie flüchtig und herumirrend wären. In Italien bin ich, dem Himmel sey Dank, weder fremd noch unbekannt, um mir bey jedermann ein gutes Ansehen zu geben. Mein Vater sollte sich eine Ehre daraus machen, Sie in seinem Hause aufzunehmen, wenn er Ihre Herkunft und die Verbindlichkeiten, die ich Ihnen schuldig bin, höret; allein wenn Sie mein trauriges Schicksal ebenfalls in mein Unglück zöge und meinen Vater mißtrauisch machte, uns beyden zu glauben, so haben Sie doch, wie sie mir gesagt haben, Geld, um sich einige Zeit auf eine anständige Art zu erhalten, bis ich ihn wieder versöhnen und ihn in Ansehung Ihres Betragens besser unterrichten kann. Ich kann es ihm nicht verargen, daß er sich meiner Neigung zu einer schlechten Weibsperson widersetzet hat, da er

befürch=

Die Französin in Italien.

befürchtete, ich möchte sie zur Frau nehmen: allein, was wollte er sagen, verzeihen Sie mir, wenn ich mir zu viel schmeichele, wenn ich Sie, als ein Frauenzimmer von meinem Stande, heirathete, das, ob es gleich den Vater verlassen, deßwegen nicht die Rechte auf die Erbschaft der Mutter verlohren hat, welche allein hinreichend sind, in jeder Familie eine solche Ehe wünschen zu lassen. Ich halte diese unsere Vereinigung für so was leichtes, wenn Sie mich derselben würdig finden, daß ich Sie sogleich heirathen wollte, ohne zu befürchten, meinen Vater im geringsten dadurch aufzubringen. Dieses vorausgesetzet, was wollen Sie mehr, um Ihr vergangenes Betragen durch die Zukunft zu rechtfertigen? und Sie mögen hinkommen, wo sie wollen, wer sollte von Ihnen übels denken, wenn Sie sich an der Seite ihres Mannes befinden?

Schöne Worte, versetzte ich darauf, wer bey dem Manne nur auf den Namen sieht. Wenn die Glückseligkeit einer Frau blos darauf ankäme, so würde ich in der That keine einzige zu beneiden haben, da ich Ihr Anerbiethen für gewiß halten und da mir gegenwärtig niemand den Namen Ihrer Gattin streitig machen kann. Unser Geschlecht ist hierinne einem elenden Schicksale unterworfen; nichts ist leichter, als einen Mann zu finden, nichts aber ist schwerer für eine Frau, mit einem jeden Manne zufrieden zu seyn. Wie viele sind in den Augen der Welt durch diesen süßen Namen verbunden, welche im Herzen eine unüberwindliche Abneigung gegen einander empfinden. Die

Leute verbinden sich in unserm Jahrhunderte meistentheils, ohne einander zu kennen, leben mit einander, ohne sich zu lieben, und sterben, ohne einander zu beklagen; denn die Namen Mann und Frau sind wie der Firniß an gewissen Gemälden, der sie zwar für dem Staube schützt, sie aber auch leichter in Gefahr setzt, von den Würmern gefressen zu werden. Es giebt eben so wenig glückliche Ehen, als die Anzahl derer klein ist, welche ernstlich daran denken, ehe sie sie schließen. Nach den Nachrichten, die Sie mir von ihrem vorigen Leben gegeben haben, sind sie einer von denen, die sogleich aus Gefälligkeit eine Frau nähmen, so wie Sie aus jugendlichem Leichtsinne schon eine genommen hätten, wenn Sie nicht meine Rathschläge, der Zorn Ihres Vaters und Ihr gutes Glück davon abgehalten hätten. Der Himmel verhüte, daß mir Ihre Gesellschaft ihre Fehler mittheile: wenn mir ein jeder Mann gut genug wäre, so würde ich nicht itzt aus meinem Hause entflohen seyn, um mir in diesem Puncte keine Gewalt anthun zu lassen. Viele lange und reife Betrachtungen haben meinen Geist dermaßen eingenommen, daß ich niemals einen Mann nehmen werde, ohne ihn zu lieben; und ich werde ihn niemals lieben, wenn ich nicht überzeugt bin, daß er meine Liebe verdienet; diese wird er aber niemals verdienen, wenn mich nicht eine lange Erfahrung lehret, daß er mich glücklich zu machen im Stande ist. Lassen Sie Sich dieses nicht beleidigen, Don Maximus, und nehmen Sie es nicht für eine offenbare abschlägliche Antwort an, oder glauben Sie, als

wenn

wenn ich mich durch Ihr großmüthiges Anerbiethen nicht beehret fände. Wenn ich meine Freyheit dem Willen eines Mannes aufopfern wollte, so würden Sie vielleicht der einzige seyn, der dieses grosse Opfer verdienete: allein ich bin noch nicht im Stande, es zu thun, weil ich finde, daß Sie selbst noch nicht im Stande sind, es ohne meinen Schaden anzunehmen. Ich will glauben, daß sie Hochachtung für mich haben, da Sie einen so großen Schritt für mich thun: allein ich empfinde meines Theils nur Hochachtung für Sie, und kann Ihnen folglich nicht gleich kommen. Was können Sie sich über dieses auch von Ihrem Vater versprechen, und was kann ich mir von Ihnen selbst, ohne ihn, versprechen? Diese Ehe kann also höchstens unter uns als ein Project angesehen werden, wornach wir unser Betragen einrichten können, ohne jedoch unsere Neigungen dadurch zu interessiren, die sie uns ausserordentlich schädlich machen könnten. Wir werden Mann und Frau seyn, wenn es im Himmel beschlossen ist, daß wir es seyn sollen; d. i. wenn ihr Vater darein willigen wird, wenn sie in ihren gegenwärtigen Gesinnungen beständig bleiben, und wenn mich meine Grundsätze hoffen lassen, daß ich an ihrer Seite glücklich seyn werde. Die Ausführung dieses Projects hängt ohne Zweifel mehr von Ihnen, als von mir ab; und ich thue für Sie nicht wenig, wenn ich es bey meinen Umständen allen andern vorziehe, und Ihnen die geschwindeste Ausführung davon empfehle. Da ich geneigt bin, Sie zu lieben, wenn Sie mei-

K 4 ne

ne Liebe zu verdienen wissen, so schmeichele ich Ihnen nicht, und erschrecke Sie auch nicht: allein ich erhalte mich in der Freyheit, von den menschlichen Schicksalen abzuhängen. Ohne Zweifel ist es eine Pflicht, Ihre ersten Schritte nach dem Vaterlande zu richten: allein es ist keine Pflicht, daß Sie sich Ihrem Vater in meiner Gesellschaft zeigen; da eins solche ihm nicht allzuwohl bekannte Gesellschaft hinreichend seyn könnte, ihre Ankunft verdächtig zu machen. Wenn unsere Projecte einen glücklichen Ausgang haben sollen, so müssen Sie sich von mir trennen, ehe Sie nach Neapel gehen; und ich darf mich nicht eher daselbst zeigen, als bis Sie bey Ihrem Vater Ihre Vortheile festgesetzet, und in ihm gegen mich solche Empfindungen erreget haben, die meine Umstände verdienen. Ich mag unter der Zeit seyn wo ich will, so werde ich mich allezeit für Sie erhalten, so lange Sie mir nicht alle Hoffnung benehmen: ich werde Sie aber nicht von mir wegreisen lassen, ohne Ihnen die Ausführung unserer Absichten in Ihrem Vaterlande auf das möglichste zu erleichtern. Da Sie Ihres vorigen Aufwands wegen so schlecht mit Gelde versehen sind, so will ich Sorge tragen, daß Ihnen nichts fehle, um bey Ihrem Vater Ehre einzulegen; und wenn ich mich auch selbst gewisser maaßen dadurch einschränken sollte, da ich auf keiner Seite etwas zu hoffen habe. Wenn Sie mit ihm reden, so muß die Wahrheit die Seele Ihrer Worte seyn, da ich der Unwahrheit und dem Betruge nichts zu verdanken haben will. Bitten

sie

sie ihn Ihrer vorigen Ausschweifung wegen um
Verzeihung, und erzählen sie ihm frey, wie viel
meine Rathschläge beygetragen haben, Sie von
dem Joche der Mamsell Johanna zu befreyen.
Verheelen Sie ihm nicht die Verfolgung meiner
Eltern, unsere gute Freundschaft, die Nothwendig=
keit meiner Flucht, Ihre Schuldigkeit, mir Gesell=
schaft zu leisten, und unsere von mir selbst vorge=
schlagene Trennung, damit er nicht eine üble Absicht
vermuthe. Alles dieses muß zur gelegenen Zeit und
auf die gehörige Art geschehen, und wenn dieses
sein Gemüth nicht für mich einnimmt, so muß man
sagen, daß wir nicht gebohren sind, um mit einan=
der zu leben, und ich werde von der Zeit eine ande=
re Parthie erwarten müssen. Dieses ist der Plan
unsers zukünftigen Betragens, das bis hieher keine
andere Regel als Verzweiflung und Furcht gehabt
hat. Auf diesen Pol sey bey dem gegenwärtigen
Sturme unser Compaß gerichtet; wir müssen uns
mit aller Beständigkeit und Kühnheit rüsten, um
die Hindernisse zu überwinden, und den Weg nicht
zu verfehlen.

Ich würde noch mehr gesagt haben, allein die
Morgenröthe brach bereits an, und wir wurden
gewahr, daß wir nicht weit mehr von bewohnten
Oertern waren, daher wir einen Entschluß fassen
mußten. Don Maximus, der mich bis dahin ge=
duldig angehöret hatte, versprach alles zu thun,
was ich verlangte, und rieth mir, ihm alles zu
überlassen, was zu einer geschwinden Reise erfor=

dert würde, ohne daß dadurch der geringste Verdacht einer Flucht entstünde. Dieses war der grosse Punkt, wovon unsere Sicherheit abhieng, und es war unumgänglich nöthig, alles anzuwenden, ehe mein Vater etwas von mir erführe, und mich einzuholen im Stande wäre.

Dritter Abschnitt.

Unsere Reise nach Genf, und von Genf nach Mayland; meine Trennung vom Don Maximus, und Lebensart daselbst.

Der Ort, wo wir ankamen, war nicht weiter als fünf Meilen von Lion entfernt, lag aber an der Straße von Italien, und war mit Pferden hinlänglich versehen. Die unsrigen, die beynahe nicht mehr fortkonnten, musten wir entweder verkaufen, wenn sich ein Käufer finden wollte, oder sie unter irgend einem Vorwande dem Schicksale des Zufalls überlassen. Das erste war gefährlich, weil es einen Verdacht erwecken konnte; und das zweyte war uns nachtheilig: allein es war allezeit besser, einigen Schaden zu leiden, als sich in Gefahr zu setzen, überfallen zu werden. Don Maximus wuste sich bey dieser Gelegenheit vortreflich zu betragen, indem er vorgab, daß wir unserer Geschäfte wegen ungefähr zehen Meilen weit zu geben hätten, und daß wir deswegen unsere Pferde bis zu unserer Zurückkunft daselbst lassen, und Postpferde nehmen wollten, um desto geschwinder an den Ort

unse-

unserer Bestimmung zu kommen. Das sind verdammte Pferde, sezte er hinzu, die nicht einmal zwo Meilen gehen können. Ich verkaufte sie gerne um die Hälfte, was sie mich kosten, da ich sie nicht nach meinem Gefallen brauchen kann. Der Postmeister ließ diese Worte nicht auf die Erde fallen, und antwortete, daß er sie, wenn ich dieses Willens wäre, an einen alten Edelmann in dieser Gegend zu verkaufen Gelegenheit hätte, der nicht über eine halbe Meile des Tages zu fahren pflegte, und der die Pferde desto höher schäzte, je langsamer sie giengen. Warum nicht, fieng ich alsdenn selbst an, machen Sie nur, daß der Handel geschlossen ist, wenn wir in ungefähr vier Tagen wieder zurück kommen. Ich schließe ihn sogleich, antwortete der Postmeister zu unserm Vergnügen, und wenn Sie mit sechzehn Louisd'or zufrieden sind, so kaufe ich diese Pferde augenblicklich, mehr aber gebe ich nicht; weil ich weis, daß dieser Edelmann keinen Heller mehr giebt. Wir musten thun, als wenn wir ihm glaubten, und zufrieden seyn; ob wir gleich überzeuget waren, daß er etwas dabey zu gewinnen suchte. Nachdem der Handel mit ein paar Worten geschlossen, und das Geld ausgezahlet war, so glaubten wir, daß wir nicht wenig erhalten hätten. Nun hatten wir noch die Kutsche, die wir aber nicht verkauften, weil wir sie zu unserer langen Reise selbst nöthig hatten. Wir begaben uns hierauf geschwind auf den Weg, und wünscheten dem Postmeister ein ewiges Lebewohl, ob er uns gleich in kurzem wieder erwartete.

Un=

Unsere Reise war sehr glücklich, und es ist nicht nöthig, daß ich mich länger dabey aufhalte, da mir nicht das geringste begegnet ist, was in dieser Geschichte angemerket zu werden verdienete. Wir reiseten anfangs, ohne uns weder Tag noch Nacht aufzuhalten, um denen, die uns etwa verfolgen möchten, alle Hofnung zu benehmen, und überdieses die Spuren von unserer Reise auf das sorgfältigste zu verbergen. Es war jedoch nöthig, uns einige Tage in irgend einer Stadt aufzuhalten, um uns mit vielen nöthigen Dingen zu versehen, ehe wir weiter gehen konnten. Denn da wir blos mit den Kleidern von Lion abgereiset waren, die wir auf dem Leibe hatten, so mußten wir uns nothwendig andere anschaffen, um den Beschwerlichkeiten der Jahreszeiten zu widerstehen. Der bequemste Ort hierzu wäre Turin gewesen: allein, da wir unserer Sicherheit wegen einen Umweg nehmen wollten, so begaben wir uns nach Genf, wo wir uns so lange aufhielten, als es unsere Umstände erforderten.

Wir gaben daselbst in zweyen Tagen für Wäsche und andere nöthige Kleidungsstücke viel Geld aus, indem wir vorgaben, daß man uns des Nachts unsere Equipage gestohlen hätte, ohne daß wir es gewahr geworden wären. Von Genf giengen wir mit ruhigerm Gemüthe und mit weniger Bekümmerniß nach Mayland, wo ich meinen Körper ausruhen ließ, meinen Geist aber beschäftiget hielt, um unsere erstern Absichten desto besser zu überlegen, ehe wir

wir weiter giengen. Nachdem wir zween Tage in einem öffentlichen Wirthshause ausgeruhet, und alles wohl überleget hatten, so fand ich für gut, daß mich Don Maximus daselbst ließ, und seine Reise in sein Vaterland allein fortsetzte. Nachdem er meinen Rath, der unser gemeinschaftliches Beste zur Absicht hatte, gebilliget hatte, so verschaffete ich mir erstlich eine Privatwohnung, wo ich mit Anstande alleine seyn konnte, ohne der Welt allzusehr in die Augen zu fallen. Als dieses geschehen war, und ich nach meinem Wunsche ein bequemes Haus gefunden hatte, so sparete ich keine Kosten, um den Don Maximus in den Stand zu setzen, vor seinem Vater in einem anständigen Aufzuge zu erscheinen. Ausser verschiedenen Kleidern von allen Jahreszeiten schaffete ich ihm eine Uhr, eine Dose, und verschiedene Ringe von großem Werthe, welche Dinge bey dem unwissenden Pöbel heut zu Tage mehr ausrichten, um Ehre und Hochachtung zu erwerben, als alle menschliche Gaben und Geschicklichkeiten. Durch diese Ausgaben nahm mein Capital ziemlich ab; zumal da ich sie mehr nach meinem Herzen, als nach meinen schwachen Kräften einrichtete. Ich meinerseits vermied alle überflüssige Dinge, und begnügete mich blos mit dem Nothwendigen: bey dem Don Maximus aber hielt ich kein Maß, indem ich mir schmeichelte, daß von seinem Glücke das meinige abhienge, wir beyde aber von dem guten Eindrucke, den er zuerst in dem Gemüthe seines Vaters machen würde. Auf seiner Reise nach Neapel muste ich ihn mit dem nöthigen Gelde versehen,

so

so daß mir nach Abzug aller Unkosten nicht viel über hundert Louisd'or übrig blieben, welche mir damals noch zu viel schienen, da ich ganz alleine zu bleiben beschlossen hatte.

Als alles in Ordnung war, so reisete mein Freund ab nach Neapel, und er war so betrübt, daß er mich zurücklassen sollte, daß ich die ganze Ueberlegenheit meines Geistes nöthig hatte, um nicht meine Thränen mit den seinigen zu vermischen. Diese verschwenderische Wohlthat, die ich gegen ihn ausübete, linderte in mir einiger maßen den Schmerz über seine Abreise, ihm aber wurde diese traurige Trennung nur desto empfindlicher dadurch. Er reisete ab ganz voll von mir, ganz Dankbarkeit gegen meine Wohlthaten, und ganz von dem Entschlusse eingenommen, beständig für mich zu leben. Ich wurde von seiner Zärtlichkeit dermaßen durchdrungen, daß ich es beynahe für den Anfang einer wahren Leidenschaft gehalten hätte, wenn mich meine Grundsätze nicht versichert hätten, daß es blos eine Schwachheit meines Geschlechts wäre.

Auch Fricassen hatte Antheil an meiner Freygebigkeit bey meiner Abreise. Da ich wollte, daß ihm Don Maximus als seinen Bedienten mitnehmen sollte, so ließ ich ihn seinem Stande gemäß ganz anständig kleiden. Als der zur Abreise bestimmte Tag herbey kam, so giengen sie an den Ort ihrer Bestimmung ab, und ich blieb trostlos in Gesellschaft meiner Wirthin zurück. Sie war schon ziemlich

lich bey Jahren und ihrer Handthierung nach eine Trödelfrau; übrigens wuste sie von meinen Umständen nicht mehr, als was ich ihr selbst erzählet hatte. Ich war aus dem Wirthshause in ihre Wohnung gegangen, ohne daß Don Maximus eine genaue Bekanntschaft mit mir zu haben sich merken ließ. Die Zeit über, die er sich noch in Meyland aufhielt, wohnete er in einem andern Hause, und bloß da kamen wir zusammen, um uns über unsere Absichten zu berathschlagen. Bey meiner Wirthin gab ich mich für die Frau eines französischen Kaufmanns aus, der mit Galanteriewaaren in Italien herumreisete, und den folgenden Frühling ebenfalls nach Mayland kommen würde. Diese Fabel war mir sehr nützlich, weil meine alte Wirthin ebenfalls eine Galanteriehändlerin zu seyn glaubte, so daß sie außerordentlich viel Achtung für mich hatte.

Ich genoß in ihrem Hause zwar nicht die Bequemlichkeiten, die ich in dem meinigen gehabt hatte: gleichwohl aber wurde ich hinlänglich bedienet, und die Ruhe meines Gemüths überwog alle andere Bequemlichkeiten des Lebens. Meine Hauptgedanken waren auf den Don Maximus gerichtet, von dem ich mit Ungeduld auf Nachricht wartete. Meine täglichen Beschäftigungen bestunden in einigen Arbeiten für mich selbst, und in Lesung einiger der besten Bücher, womit ich mich reichlich versehen hatte. Die italienische Sprache verstund ich vollkommen gut, weil ich mich gleich von den ersten Tagen meiner Bekanntschaft mit dem Don Maximus

an

mit ihm darinne geübet hatte. Während meines Aufenthalts in Italien hatte ich noch eine grössere Fertigkeit erlangt, mich in der natürlichen Mundart des Landes auszudrücken. So oft ich mich mit meiner Wirthin zu unterhalten Gelegenheit hatte, die ihrer Verrichtungen wegen fast beständig nicht zu Hause war, so erkundigte ich mich nach den Sitten der Nation, um die gehörigen Betrachtungen darüber anzustellen, und bey Gelegenheit nicht unerfahren darinne zu scheinen. Niemand wuste, daß ich in Mayland war, oder doch wenigstens nicht, wer ich war: und gleichwohl hatte ich von allem ausführliche Nachricht, was in dieser volkreichen Stadt täglich vorging. Da Madam Hyacinthe, so hieß meine Wirthin, die vornehmsten Häuser der Stadt besuchte, um allerhand Sachen zu verkaufen und zu kaufen, so war sie von allem vollkommen unterrichtet, und belustigte mich des Abends außerordentlich mit allerhand Nachrichten und Erzählungen, wodurch ich mir verschiedene Kenntnisse von der Denkungsart der Leute erwarb.

Da sie sahe, daß ich nicht sonderlich ausgieng, und fast den gantzen Tag alleine zubrachte, so fragte sie mich, warum ich die Einsamkeit so sehr liebte? Hierauf wuste ich ihr nichts anders zu antworten, als daß es mir so gefiele, und daß mein Character zu dem Geräusche der Welt und zu den Schwachheiten des Geschlechts nicht sonderlich geneigt wäre. Sie mochte es nun glauben oder nicht, so fand sie nicht für rathsam, genauer darnach zu forschen, da
sie

sie allezeit richtig von mir bezahlet wurde. Und
da ich in meinen Ausgaben nicht allzusparsam war,
so schloß sie, daß ich mit dem Nothwendigen wohl
versehen seyn müste, und dieses war bey ihr, da
sie etwas geizig war, die beste Empfehlung von der
Welt. Sie würde für mich durchs Feuer gelaufen
seyn, und eine Mutter hätte nicht zärtlicher mit
mir umgehen können. Es war mir wenig daran
gelegen, ob dieses die Liebe oder der Eigennutz
veranlassete, wenn ich nur wohl bedienet wurde,
wie ichs von Jugend auf gewohnt gewesen war.

Vierter Abschnitt.

Erste Nachricht von dem Don Maximus, worauf
ich weiter nichts von ihm hörete. Meine Unruhe, da ich von allem entblößet war, und
Mittel, die ich darwider ausfündig machte.

Vierzehn Tage nach der Abreise des Don Maximus von Mayland bekam ich Nachricht
von seiner glücklichen Ankunft in Neapel, und von
der guten Aufnahme bey seinem Vater. Da mein
Vater bereits an ihn geschrieben hatte, ehe noch
die Unruhe in unserem Hause ausgebrochen war,
um ihn wieder auszusöhnen, und zugleich ein Zeug-
niß von seinem guten Betragen beygefüget hatte,
so fand er alles zu einem Vergleiche geneigt, der
ihn mit der schmeichelhaftesten Hoffnung erfüllete.
Von mir wurde in diesem ersten Briefe nicht das
ge-

geringste erwähnet, weil er mich, meinem Rathe zu folge, nicht so bald konnte genennet haben. In allgemeinen Reden hatte er ihm zwar von meinem Hause und von meiner Person einen vortheilhaften Begriff beyzubringen gesucht, ohne sich jedoch auf meine Umstände besonders einzulassen. Dieses war blos der erste und ein entfernter Schritt, der seinen guten Nutzen haben konnte, ob er gleich noch nicht so nahe war. Dieses war damals hinreichend genug, mich nicht wenig zu trösten, und ich zog des Don Maximus Wohlfahrt meiner eigenen vor, ob ich gleich eigentlich nicht sagen konnte, daß ich ihn liebte.

Ganz gewis werden einige über diese kalte Gleichgültigkeit meines Gemüths erstaunen, und es vielleicht für eine Unempfindlichkeit oder für eine mein Geschlecht übersteigende Härte halten, wo sie es nicht gar eine listige Verstellung eines verschlagenen Charakters nennen. Man thue mir jedoch ja nicht das grosse Unrecht an, mich in diesem Stücke für lügenhaft zu halten, da ich mich nicht schäme, wahrhaft zu seyn, und aufrichtig zu gestehen, daß ich den Don Maximus nicht eher liebte, als da ich zu befürchten anfieng, ihn verlohren zu haben. So geht es gemeiniglich in der Welt. Die Wohlthat des Lichts kennet man nirgends so gut, als in Lappland, wo sich die Sonne nur wenig Stunden über dem Horizonte sehen läst. Eben so kennet man den Werth des jugendlichen Alters nicht besser, als in dem hohen Alter, wenn sich die Kräfte mit der Wärme des Lebens verloren haben. Gewisse

wisse Gemüther, die von den gemeinen Grundsätzen des Pöbels nicht allzusehr eingenommen sind, und welche fühlen, daß sie nicht so schwach als andere handeln, schmeicheln sich leicht, ganz unempfindlich zu seyn, und halten sich für unfähig, mit einer gewissen kindischen Ausschweifung zu lieben. Vielleicht rechtfertigte der Name der Freundschaft die zweydeutigen Bewegungen einer entstehenden Leidenschaft gegen den Don Maximus in mir: es kann aber auch seyn, daß diese Leidenschaft erst damals entstund, da ich sie von meinem widrigen Schicksale bestritten sahe.

So viel ist gewiß, daß ich niemals mehr an den Don Maximus dachte, als da ich nichts mehr von ihm hörete, ohne daß ich die Ursache errathen konnte. Nach diesem ersten Briefe wartete ich Wochen und Monathe vergebens auf andere, so daß ich die Hoffnung, weiter welche zu bekommen, völlig verlor. Anfänglich entschuldigte ich ihn, indem ich mir schmeichelte, daß er nicht Schuld daran wäre, oder daß es seine Klugheit so haben wollte. Und da ich mich nicht überreden konnte, daß mich ein Mensch von diesem Character so geschwind sollte vergessen haben, so bedauerte ich ihn, weil ich glaubte, er wäre krank, oder es wäre ihm ein anderer unglücklicher Zufall begegnet, der ihn abhielt, mir einige Nachricht zu geben. Alles würde ich von ihm geglaubet haben, nur eine so große Undankbarkeit nicht, deren er sich gegen meine Wohlthaten hätte schuldig machen müssen. Ich weiß jedoch nicht, ob ich ihn nicht lieber undankbar,

L 2 als

als todt gewünschet hätte, da mir seine Undankbarkeit und sein Tod gleich nahe giengen, ob ihn schon beyde nicht gleich strafbar machten.

Es war nicht unwahrscheinlich, daß er seinen Vater, als er ihm meine Flucht entdecket, dermaßen aufgebracht hatte, daß er in die Verbindung mit mir durchaus nicht willigen wollte: das aber war nicht wahrscheinlich, daß ihn alle mögliche Verbothe eines Vaters hätten hindern sollen, mir wenigstens von seinen Umständen einige Nachricht zu geben. Gesetzt auch, daß er sorgfältig bewachet werde, sagte ich bey mir selber, und daß man ihm auch die Briefe auffange, sollte er denn in seinem ganzen Vaterlande nicht einen Freund haben, durch den er mir zu meiner Nachricht und zu seiner Rechtfertigung ein paar Zeilen sollte können schreiben lassen. Ganz gewiß ist er gestorben, oder ist untreu geworden, um mich auf ewig zu verlassen: allein wie so geschwind untreu? Wie sollte er mich verlassen können, nachdem ich so viel als ihm gethan habe, daß ich selbst nicht mehr weis, was ich anfangen soll. Ich bin ein junges Frauenzimmer, ganz alleine, ohne das Verdienst einer sonderbaren Schönheit im Gesichte zu haben; vom Vaterlande und vom Vater entfernt; von einem Freunde hintergangen, der an meinem betrübten Schicksale vielleicht mehr Schuld ist als ich. Bloß durch ihn bin ich arm und vom Gelde entblößet, so daß ich mich mit dem gehörigen Anstande nicht länger erhalten kann. Ich Elende! was will ich an-

fan-

Die Französin in Italien.

fangen? über wen soll ich mich beklagen? wen soll ich um Hülfe, um Mitleiden, um Rache anrufen?

In dieser Verwirrung der Gedanken und in dieser Bestürzung des Gemüths wollte ich an ihn schreiben, um ihn seiner Untreue wegen zu beschämen; allein ich getrauete es mich gleichwol nicht zu thun, um vielleicht seine und meine Umstände nicht zu verschlimmern. Unterdessen vergiengen Tage, Wochen und Monate in einer beständigen Angst, ohne daß ich die geringste Nachricht bekam. Das Geld, das mir übrig geblieben war, nahm täglich ab, und wenn es ganz alle war, wo konnte ich anders hernehmen, um bey meiner Wirthin keine traurige Figur zu machen? Ich hatte zwar meine Diamanten bey mir, und konnte sie zu Gelde machen, wenn ich mich ihrer berauben wollte; allein auf was Art könnte ich sie verkaufen, ohne meine Umstände zu entdecken, und wie wollte es alsdenn werden, wenn mir bey schlimmern Zufällen gar keine Zuflucht übrig blieb?

Dieses war für mich ein Abgrund von Verwirrung, Schwermuth, und Unruhe, der mich Tag und Nacht quälete, und mich ganz gewiß aufs Aeuserste gebracht haben würde, wenn ich mich nicht von Zeit zu Zeit meiner Grundsätze erinnert, und mich meiner Schwachheit geschämet hätte. Eine von den Maximen, die sich in meinem Gemüthe fest gesetzet hatten, war diese, daß der Mensch alles

L 3   kann.

kann was er will, wenn er die Gaben, die ihm der Himmel verliehen hat, wohl zu gebrauchen weiß. Wir haben in uns ein unsichtbares Zeughaus, das mit allen möglichen Werkzeugen versehen ist, die verwegensten Streiche auszuführen, die festesten Gebäude einzustürzen, das ganze menschliche Geschlecht zu bekriegen, und es mit allen irdischen Unglücksfällen aufzunehmen, ohne einen Schritt zu weichen, oder vor Schrecken die Farbe zu verändern. Alles kömmt darauf an, sich nach seinen Umständen zu richten zu wissen, und seine Kräfte zu nutzen, ohne sie durch unnütze Klagen und Verzweiflung zu schwächen. Es wäre mir übel gegangen, wenn ich es in meinem Falle nicht so gemacht, und, wenn ich mich nicht bey Zeiten so gewöhnt hätte, an nichts zu verzweifeln, so lange ich die drey großen Capitalien der menschlichen Natur, Freyheit, Gesundheit und Leben, hatte.

Ob mich gleich Madame Hyacinthe bey dieser Gelegenheit bisweilen unruhig sah, so sahe sie mich doch niemals in Verzweiflung. Da ich gewohnt war, mich dasjenige niemals gereuen zu lassen, was ich nach einer reifen Ueberlegung unternommen hatte, so war ich weit entfernt, mich in den Ausgaben zu meinem täglichen Unterhalte einzuschränken, da es mir anfieng an Gelde zu fehlen. Anstatt etwas sparsamer zu leben, machte ich noch mehr Aufwand, um mich bey meiner Wirthin nicht in Verachtung zu setzen. Sie glaubte, daß mir mein Mann von Zeit zu Zeit das Nothwendige schickte, und ich

ließ

ließ sie auch bey diesen Gedanken, weil ich dadurch alle nur mögliche Dienstleistung von ihr erhielt. Ich war im geringsten nicht willens, diese Lebensart zu verändern, auch da ich mir durch meine Geschicklichkeit so viel verschaffen muste, um die Kosten zu einem anständigen Unterhalte aufzubringen. Lange Zeit überlegte ich bey mir die Mittel; und da ich sie gefunden zu haben glaubte, so bestund meine größte Kunst darinnen, daß mir Madam Hyacinthe die Ausführung erleichtern, und Geld verdienen helfen muste, ohne zu merken, daß ich welches nöthig hätte.

Die Welt würde unerträglich seyn, wenn sie nicht einen äußerlichen schönen Schein hätte, und diesen müssen wir zu erhalten suchen, wenn wir zu ihrer Belustigung das Märchen dabey werden wollen. Die menschliche Gesellschaft erhält sich vornehmlich durch die Meynung der Menschen. Ein jeder ist dasjenige, wofür er sich bey andern ausgeben kann: und gemeiniglich glaubt man nicht, daß die Meynung von diesem oder jenem blos in einem blinden Eindrucke bestehe. Der wird immer für reich gehalten, der viel aufgehen läßt, weil nicht alle die Untersuchung anstellen, ob er diese Ausgaben von dem Seinigen bestreitet. Mancher, der viel schreyet und drohet, wird bisweilen für tapfer gehalten, weil alle nicht wissen, daß er mit allen seinen Drohungen niemals eine Fliege getödtet hat. Wie viel Frauenzimmer stehen nicht in dem Rufe, schön zu seyn, weil man sie niemals siehet, als

beym

beym Lichte, und nachdem sie ein Paar Stunden an dem Nachttische und vor dem Spiegel gesessen haben; bey Tage aber, und wenn sie aus dem Bette aufstehen, sehen sie ganz anders aus. Wie viele andere werden nicht für witzige Frauenzimmer gehalten, weil sie immer mit Klötzern umgehen, die keinen Unterschied zu machen wissen. Ein Doctor muß nach der Meynung des Pöbels alles wissen: und wenn es bisweilen einem Esel gelinget, diesen Titel zu erschleichen, so kömmt auch der Esel bey aller seiner Unwissenheit in den Besitz der Bewunderung und Achtung des Pöbels.

Diese Maxime ist in der bürgerlichen Gesellschaft so nothwendig, daß wir ohne dieselbe durchaus nicht gesellschaftlich seyn können. Da ich gänzlich davon eingenommen war, so wuste ich bey meiner Wirthin den äußerlichen Schein dermaßen zu erhalten, daß sie in das Netz fiel, und mir eine Sache zum Verdienst anrechnete, woraus sie mir, wenn sie alles gewust hätte, ein Verbrechen gemacht haben würde. Um sie nun zu meinen Absichten zu lenken, so muste ich die gelegene Zeit suchen; die Gelegenheiten aber fehlen niemals, wer sie zu suchen weis, und sie ohne zu nutzen nicht vorbeygehen läst. Meine Unterredungen mit Madam Hyacinthen wurden fast allemal des Abends gehalten, weil sie am Tage beständig aus einem Hause ins andere ging; und unterdessen war ich mit einer jungen Magd ganz alleine, die mir überaus zugethan war, und die sich wegen ihres Fleißes und ihrer Dienstfertigfertigkeit meine ganze Neigung erworben hatte. Den Abend also, da ich meine Wirthin in meine Vortheile ziehen wollte, stellte ich mich außerordentlich unruhig, ja ich that so gar, als wenn ich krank wäre, und legte mich zu Bette. Ich erwartete sie in diesem Zustande, weil ich versichert war, daß sie deswegen bekümmert seyn würde, und daß meine Worte mehr Eindruck machen würden.

Fünfter Abschnitt.

Rath meiner Wirthin, mich in der Stadt bekannt zu machen, und mir durch meiner Hände Arbeit einige Vortheile zu verschaffen.

Madam Hyacinthe erstaunete, da sie des Abends nach Hause kam, und mich ganz traurig im Bette antraf. Sie fragte mich, was es Neues gäbe, ich antwortete ihr aber, daß sie mich sollte gehen lassen, weil ich ganz außer mir wäre. Ich habe von meinem Manne aus Rom einen Brief erhalten, fuhr ich fort, woraus ich ersehe, daß er gefährlich krank ist; wie elend wäre ich, wenn ich ihn verlöre, und was sollte ich weiter in der Welt machen? Was sie machen sollten, versetzte meine Wirthin darauf, das, was so viele andere machen. Stirbt ein Mann, so findet sich wieder ein anderer: der Ihrige aber stirbt vielleicht nicht, und so lange noch einige Hoffnung vorhanden ist, müssen sie sich nicht ohne Noth ängstigen. Die Hoffnung ist eben so entfernt, ver-

setzte

setzte ich darauf, als ich von ihm entfernet bin. Wenn ich ihn vor seinem Tode wenigstens nur noch einmal sehen sollte, wenn es ja im Himmel beschlossen ist, daß er so bald sterben soll. Meine Gegenwart würde seines Vermögens wegen nöthig seyn. Wer weis, wie es mit seinem Gelde und mit seinen Capitalien gehet, wenn er sie bey seinem Tode in fremden Händen lassen muß. Ich möchte mich sogleich zu ihm begeben: allein wie soll ich eine so lange Reise alleine unternehmen und wovon soll ich die Kosten dazu bestreiten, da das Geld beynahe alle ist, das er mir bey seiner Abreise gelassen hat, und da ich mir nach seinen Briefen alle Augenblicke welches von ihm vermuthete. Was das Geld anlanget, versetzte Madam Hyacinthe hierauf, so würde es nicht an Mitteln fehlen, welches zu finden, wenn Ihr Mann hier bekannt wäre: allein, wenn Sie den Rath einer alten Frau wollen gelten lassen, die Sie als eine Mutter liebt, so würde ich eine solche Reise nicht alleine wagen, wenn ich nicht offenbar in Gefahr wäre, nebst dem Manne alle sein Vermögen zu verlieren. Es ist alles gut, versetzte ich darauf, allein, wenn nun seine Krankheit fortdauret, und das erwartete Geld kömmt nicht, wie soll ich es unterdessen machen, um mich mit dem Anstande zu erhalten, worinne er mich bis hieher unterhalten hat? Wie sie es in Rom selbst machen würden, antwortete sie, wenn sie ihn daselbst todt und seine Waaren geraubet fänden, woraus er seinen und Ihren Unterhalt ziehet. Der Himmel gebe, daß dieses nicht eintreffe, erwiederte ich; allein alsdenn

wollte

wollte ich schon auf etwas denken, und vielleicht nicht vergebens. Und warum denken Sie jetzt nicht darauf, antwortete die Alte, warum denken Sie hier in Mayland nicht daran, wo Sie, wenn Sie sonst wollten, meiner Meynung nach ein großes Glück machen könnten, so daß Sie, den Gewinn von Ihrem Manne dazu gerechnet, gar bald von Ihren Einkünften leben könnten; und wenn Sie alsdenn auch ihren Mann verlören, so würden Sie doch nicht einmal merken, daß Sie ihn verloren hätten. Ich in Mayland mein Glück machen, sagte ich alsdenn mit einer etwas stärkern Stimme als zuvor, weil dieses der große Punct war, worauf ich sie unvermerkt führen wollte. Ich in Mayland mein Glück machen; wie denn das? da ich nicht schön bin, und keine von den weiblichen Vorzügen besitze, die in der Welt glücklich machen? denn die Erfindung meines Geistes und die Geschicklichkeit meiner Hände rechne ich nicht mit unter diese Anzahl, weil die Frauenzimmerarbeiten meines Erachtens niemals jemanden in Italien bereichert haben.

Was sagen Sie da, mein Kind, fieng die gute Alte wieder an; Sie kennen Italien gar nicht, wenn Sie so reden. Wenn Sie auch in Ihren Händen und in Ihrem Kopfe die Geschicklichkeit nicht hätten, die Sie doch haben; so ist es schon genug, daß Sie eine Französin sind, und daß Sie jetzt aus Frankreich gekommen sind, um unter den hiesigen Frauenzimmern mit Ihrer Arbeit einen Schatz zu sammlen. Sie wissen vielleicht nicht, wie

rasend

rasend die italienischen Frauenzimmer nach den französischen Moden und Galanterien sind. Wie glücklich wäre ich, wenn ich sagen könnte, daß ich in meinem Hause eine Französin hätte, die nach der neuesten Mode aus Paris Frauenzimmerputz machte. Sie würden sehen, wie viel Kutschen vom vornehmsten Adel zusammen kommen würden. Wenn ich Sie bekannt machte, und Sie wüsten sich das Ansehen zu geben, daß sie es nicht sonderlich brauchten; die vornehmsten Damen der Stadt würden kommen, Sie und Ihre Arbeit über die wichtigsten Puncte des guten Geschmacks und des Frauenzimmerputzes um Rath zu fragen; und sie würden Ihnen nicht nur die Muster, die Schnitte und die Nadeln, sondern auch sogar die Worte auf das theuerste bezahlen. Wollen Sie im Ernste diese Parthey ergreifen, die ich Ihnen vorschlage, so sollen Sie sehen, daß ich die Wahrheit gesagt habe, und Sie werden mehr Geld verdienen, als Sie glauben. Ich kenne zwey junge Frauenzimmer, die in kurzem Hochzeit haben werden, und wie viel gäben die nicht darum, wenn sie eine französische Arbeiterin haben könnten, die alles nach dem guten Geschmack einrichtete, und den Schneidern, Schustern und Friseurs die neuesten Muster angeben könnte. Eine einzige solche Gelegenheit ist hinreichend, Ihnen ein großes Ansehen zu erwerben, und die ganze Stadt gleichsam in die Nothwendigkeit zu versetzen, ohne Sie nichts vollkommenes angeben zu können. Die Gelegenheit könnte für Sie nicht bequemer seyn, und da ich

meiner

meiner Geschäfte wegen, so zu sagen, in einem
jeden Hause in Mayland aus und eingehe, so kann
ich Ihnen bey diesem Unternehmen großen Nutzen
schaffen. Ist es möglich, fieng ich hier wieder an,
nachdem ich lange geschwiegen hatte; ist es möglich,
daß der französische Geschmack bey dem italienischen
Frauenzimmer in so großem Ansehen steht, da bey
uns Französinnen blos unser Eigensinn gilt. Wir
würden uns schämen, wenn wir in unsern Klei-
dungen und in unserm Kopfpuße von jemand anders, als von uns selbst Gesetze annehmen sollten.
Daran dürfen Sie gar nicht zweifeln, war ihre Antwort, wenn sie nur eine Probe davon machen
wollen.

Ich versprach es ihr, und sie freuete sich auf-
serordentlich darüber, weil sie leicht voraussahe,
daß sie dadurch Gelegenheit bekäme, in ihrem Hause eine reichliche Ernte zu halten; vielleicht auch,
weil sie wünschte, daß mein Unterhalt von dem
Leben oder von dem Tode meines vermeyntlichen
Mannes nicht abhängen möchte. Ihre Freude
und ihre Worte machten mir in der That wieder
Muth, um mich nach meinen kümmerlichen Umständen zu richten: allein ich muste auch innerlich
recht herzlich lachen, da ich überlegte, daß ich von
Natur zu dem leichtsinnigen und eiteln Wesen meines Geschlechts gar nicht geneigt war, und jetzt
blos aus Nothwendigkeit eine Lehrmeisterin davon
werden wollte. Hier sieht man, wie wahr es ist,
daß man niemals in der Welt etwas verachten
müsse,

müsse, weil wir oft dahin verfallen, wovon wir tausend Meilen weit entfernet zu seyn glaubten. Wie konnte ich jemals vermuthen, daß ich meine Hände und meinen Geist würde bemühen müssen, um die Kunstgriffe der Eitelkeit zu erfinden, und in Ausübung zu bringen, wovon ich bey mir selbst nicht einmal den Namen leiden konnte. Gleichwohl nöthigte mich mein Schicksal dazu, und ich muste mich drein finden lernen, wie ich konnte. Von den menschlichen Neigungen war ich hinlänglich unterrichtet und von den italienischen Sitten hatte ich von meiner Wirthin so viel erzählen hören, auch selbst so viel wahrgenommen, daß ich mir genung zu wissen einbilden konnte, um mich bey der Wahl meiner neuen Lebensart in allen Fällen heraus zuhelfen. Ich wuste nur allzuwohl, daß man die Fehler der Welt müste befördern helfen, wenn man etwas darinne vorstellen wollte. Da die Eitelkeit die schwache Seite der Frauenzimmer ist, so war ganz und gar kein Zweifel, daß sie mir in meinen Bedürfnissen auf das nachdrücklichste beystehen würden, wenn ich diese Eitelkeit befriedigen könnte: und da ich mich vom Don Maximus verlassen sahe, und keine Nachricht mehr von ihm zu erhalten hoffte, so war dieses eine Erfindung, die mich schützen konnte, in der Welt eine unglückliche Figur zu machen. Allein ich wollte, daß sie mir meine Wirthin eingeben sollte, oder daß sie gleichsam von ungefähr entstanden zu seyn schien, damit sie sie durch ihre Bemühungen desto besser unterstützen möchte. Von meiner Jugend an war ich gewohnt gewesen,

beständig

beständig bedienet zu werden, und ich hatte niemals die seltsame Handthierung gelernet, worauf ich alle meine Hoffnung setzete, ja ich hatte niemals etwas anders, als nur Kleinigkeiten für mich selbst gemacht. Wer will, dem ist nichts schwer, und die Nothwendigkeit ist jederzeit die große Lehrmeisterin aller Künste gewesen. Ich bildete mir nicht zu viel ein, wenn ich zur Zufriedenheit der Welt in einer Handthierung arbeiten zu können glaubte, welche gemeiniglich blos von der Meynung der Menschen abhängt. Mein Vaterland konnte mir in dieser Profession ein Ansehen geben, und das ganze Verdienst muste, wie es in dergleichen Fällen zu geschehen pflegt, mehr auf meinen Nahmen, als auf meiner Geschicklichkeit beruhen. Da ich eine Französin von Geburt war, und gerade von Paris nach Mayland gekommen zu seyn vorgab, so konnte ich überzeuget seyn, daß die weibliche Eitelkeit meinen Geschmack desto vortreflicher finden würde, je seltsamer er wäre. Von den damaligen Pariser Moden wuste ich nicht das allergeringste, weil ich niemals darauf Achtung gegeben hatte: das wuste ich aber, daß bey der flüchtigen Leichtsinnigkeit unsers Geschlechts alles für neumodisch gehalten wird, wenn man es noch nicht gesehen hat, und sollte es auch gegen die bereits eingeführten Moden ganz verkehrt herauskommen. Es muste gar viel erfunden werden, um die Kleider, Frisuren, Mantillen und andere dergleichen Kleinigkeiten gegen diejenigen zu verändern, die man damals brauchte, und sollten sie auch unge=

stalt

ſtalt und unvernünftig herauskommen. Alles dieſes bekümmerte mich nicht, denn ich dachte bey mir ſelbſt, du willſt ſchon alles ſo umkehren, damit die Frauenzimmer handgreiflich ſehen können, daß meine Moden wirklich franzöſiſch und ganz neu ſind. Ich muß es nothwendig ſo machen, fuhr ich bey mir fort, damit mir niemand Eingrif thue, und damit meine Arbeit gut bezahlet werde, wenn man ſieht, daß ſie von allen andern auf eine ſo ſeltſame Art verſchieden iſt. Alles ſteht endlich wohlgeſtallten Frauenzimmern gut, und die es nicht ſind, die wollen es gleichwohl dadurch werden, daß ſie ſich nach der neueſten Mode kleiden, ob ſie ſich gleich dadurch manchmal noch ungeſtaller machen. Die Richter des Guten und des Schlechten in dergleichen Dingen ſind die Augen der Welt: und wenn einige meine ſeltſame Erfindung nicht billigen wollten, ſo würde man ſie vor Leute von einem verderbten Geſchmacke halten, daher ſie ſie loben müſſen, ſie mögen wollen oder nicht. Kurz, die Vorurtheile des ſchönen Geſchlechts hier in Italien ſollen für mich eine Goldgrube ſeyn, woraus ich das Nöthige zu meinem Unterhalte ziehen will. Ich werde es ſchon ſo zu machen wiſſen, daß der Gewinn groß genung ſeyn wird, da zu dieſer Arbeit mehr Verſtand als Stärke gehöret, und da ich mit Leuten zu thun habe, die ſich hervorthun wollen, ohne zu wiſſen wie, und blos das nachmachen, was ſie von andern ſehen.

Dieſe

Dieses war also das neue System, das ich in meinem Kopfe geschmiedet hatte, und es war nicht ungegründet: allein, da es von mir eine neue Lebensart erforderte, so setzte es mich auch neuen Schicksalen aus. Als ich diesen neuen Character annahm, so ergrif ich alle mögliche Maasregeln, um mich nicht zu erniedrigen; ich überließ es Madam Hyacinthen, mich bekannt zu machen, ich behielt mir aber vor, mich gewissermaßen bitten zu lassen, um mich zu stellen, als wenn ich es eigentlich nicht nöthig hätte. Mein äusserliches Ansehen trug zu dieser Absicht viel bey; ich war nicht liebenswürdig, doch hatte ich ein gewisses Ansehen, das mir Hochachtung erwarb, und diese erhielt ich auch von den vornehmsten und angesehensten Personen.

(Die Fortsetzung dieser Geschichte folgt im 2ten Bande.)